CW00739786

CROS

CURENTE
LA RĂSCRUCE
2

Poetry from the English-speaking world
translated by students
at the West University of Timişoara

Poezii în limba engleză
traduse de studenţi
ai Universităţii de Vest din Timişoara

Edited by / Editat de
Eliza Claudia Filimon şi John Eliot

MOSAÏQUEPRESS

First published in 2024

MOSAÏQUE PRESS
Registered office:
70 Priory Road
Kenilworth, Warwickshire
CV8 1LQ

Series editor: John Eliot

Cover art and design: Eliza Claudia Filimon

ISBN 978-1-906852-67-2

The language is the first major poem
of a nation.

———————◆◆———————

Limba este întâiul mare poem
al unui popor.

—Lucian Blaga

Contents / Cuprins

Published with the encouragement
of the West University of Timișoara.

Publicat cu încurajarea
Universității de Vest din Timișoara.

Lost and found in translation

In the beginning was breath and the breath became word.

Poet Alice Brooker asks: 'Before the shape of consonants, did we exist?'

It might be fair to say that there is dog speak. They can bark aggressively, with joy, with sadness. However, dogs usually do not bark to communicate with each other but with their owners. A French dog has a French bark accent, a Welsh dog Welsh and so on, copying the accent of their owners. Strictly speaking dogs do not communicate; they simply reflect the owner. It is unlikely that I will ever set up a poetry translation project between dog and student.

How do humans speak? Speaking is a uniquely human ability. Not only do humans have evolved brains that process and produce language and syntax, but we also can make a range of sounds and tones that we use to form hundreds of thousands of words. Humans use the same basic apparatus as chimpanzees: lungs, throat, voice box, tongue and lips. But humans have the ability to sing and speak because over thousands of years, humans have evolved a longer throat and smaller mouth better suited for shaping sound. Birds have evolved wings so they can fly. They did not learn to fly. I can stand waving my arms up and down for an eternity. I will never take off.

Why don't we all speak the same language? It might be so much easier. According to the Biblical account in the book of Genesis, all did speak the same language. However, God punished all people because they built a tower that glorified their own achievements rather than those of God. All people were to speak different languages so that they would never be able to work together again and dishonour God. This myth, however, asks the question: Was there ever a time when there was only one language spoken? With little evidence, my answer would be no. How did language originate? Humans had the the

La început a fost suflare și suflarea a devenit cuvânt.

Poeta Alice Brooker se întreabă: 'noi existam înainte de forma consoanelor?'

Ar putea fi corect să spunem că există un limbaj al câinilor. Ei pot lătra agresiv, cu bucurie, cu tristețe. Cu toate acestea, de obicei, câinii nu latră pentru a comunica între ei, ci cu stăpânii lor. Un câine francez latră cu accent franțuzesc, un câine galez cu accent galez și așa mai departe, copiind accentul stăpânilor lor. De fapt, câinii nu comunică, ci pur și simplu își reflectă stăpânul. Este puțin probabil ca eu să inițiez un proiect de traducere între un poet canin și un student.

Cum vorbesc oamenii? Vorbirea este o abilitate exclusiv umană. Oamenii nu au doar un creier evoluat care procesează și produce limbaj și sintaxă, dar putem, de asemenea, să producem o gamă de sunete și tonuri pe care le folosim pentru a forma sute de mii de cuvinte. Oamenii folosesc același aparat de bază pe care îl au cimpanzeii, format din plămâni, gât, coarde vocale, limbă și buze. Dar oamenii au capacitatea de a cânta și de a vorbi deoarece, de-a lungul a mii de ani, au dezvoltat un gât mai lung și o gură mai mică, mai potrivite pentru a modela sunetul. Păsările au dezvoltat aripi, astfel încât pot zbura. Ele nu au învățat să zboare. Eu pot sta în picioare fluturându-mi brațele în sus și în jos pentru eternitate. Nu voi decola niciodată.

De ce nu vorbim cu toții aceeași limbă? Ar fi mult mai ușor. Conform relatării biblice din Cartea Genezei, toți vorbeau aceeași limbă. Cu toate acestea, Dumnezeu a pedepsit toate popoarele pentru că au construit un turn care glorifica propriile realizări și nu pe cele ale lui Dumnezeu. Toate popoarele au fost sortite să vorbească limbi diferite, astfel încât să nu mai poată niciodată lucra împreună și să nu-L mai dezonoreze pe Dumnezeu. Totuși, acest mit naște întrebarea: a existat vreodată o perioadă în care se vorbea o singură limbă?

physical ability to speak. Did they imitate sounds they heard around them? The closest we can get to how people speak is watching the development of babies. The baby babbles then quite suddenly make the sound 'Mmm Mmm' and the parent jumps up and down exclaiming, 'She can say Mummy!' Then reward in the pleasure given to the babe now laughing creates other words. I clearly remember my granddaughter's first sentence. She passed me her feeding bottle and said, 'Here, you take this.' Where did that come from? She was slow to speak. I believe though that she was listening. Is language copied, learned or is it always there within the child's brain? We all know of children growing up to be bilingual because their parents speak different languages. I don't know; neither am I sure anyone does, yet. Linguists continue to research this.

I, the author of this piece, am writing in English. I am monolingual. My words will be translated into Romanian. You may be reading the original, you may be reading the Romanian. There will be readers who can read both, compare and decide in their opinion whether the translator has interpreted my words correctly.

Within the United Nations, the six official languages are Chinese, English, French, Russian, Arabic and Spanish. All official documents are circulated in these languages, and discussions are subject to simultaneous translation to satisfy the language obligations.

The UN can take many days to reach an agreement on a resolution. There will be political differences. Same words can have different interpretations. The translation of the resolution must be intense as every word in a document such as this is so important. That is to be understood, accepted just as a legal document must avoid any unintentional interpretations.

And translating poetry? Is the care taken any different from that which is needed by the UN or the lawyer?

I recently spent an hour and a half discussing the translation

Fără prea multe dovezi, răspunsul meu ar fi nu. Cum a luat naștere limba, dat fiind că oamenii aveau capacitatea fizică de a vorbi? Au imitat sunetele pe care le auzeau în jurul lor? Cel mai facil mod de a înțelege cum vorbesc oamenii este observarea dezvoltării bebelușilor. Bebelușul gângurește, apoi, brusc, scoate sunetul „Mmm Mmm Mmm", iar părintele sare în sus de bucurie exclamând: „Poate să spună mami!" Recompensa constă în plăcerea pe care i-o oferă bebelușului care râde acum și creează alte cuvinte. Îmi amintesc clar prima propoziție a nepoatei mele. Mi-a dat biberonul și mi-a spus: „Poftim, ia asta." De unde a apărut asta? Ea a vorbit târziu. Cred însă că asculta. Limbajul se copiază, se învață sau este întotdeauna prezent în creierul copilului? Știm cu toții că există copii ai căror părinți vorbesc limbi diferite și care cresc bilingvi. Eu nu am răspunsul, nici nu sunt sigur că cineva, în acest moment, îl are. Lingviștii continuă să cerceteze acest aspect.

Eu, autorul acestui articol, scriu în limba engleză. Sunt monolingv. Cuvintele mele vor fi traduse în limba română. S-ar putea să citiți originalul, s-ar putea să citiți versiunea în limba română. Vor exista cititori care le vor citi pe amândouă, le vor compara și vor decide dacă traducătorul a interpretat corect cuvintele mele.

În cadrul Organizației Națiunilor Unite, cele șase limbi oficiale sunt chineza, engleza, franceza, rusa, araba și spaniola. Toate documentele oficiale sunt traduse în aceste limbi. În timpul discuțiilor, se face traducere simultană în aceste limbi.

ONU poate avea nevoie de multe zile pentru a ajunge la un acord asupra unei rezoluții. Vor exista diferențe de natură politică. Aceleași cuvinte pot avea interpretări diferite. Traducerea rezoluției trebuie să fie intensă, deoarece fiecare cuvânt dintr-un astfel de document este deosebit de important. Acesta trebuie să fie înțeles, acceptat, la fel cum un document juridic trebuie să evite orice interpretări neintenționate.

Și traducerea poeziei? Este oare diferită de atenția de care are nevoie ONU sau avocatul?

of the poem 'Tea', from Welsh poet Hanan Issa, with Prof Domokos of Karoli university and three German MA students. The poem itself is of thirty lines, quite straightforward: if I were still teaching, a perfect poem for introducing teens to poetry. Between the five of us, it created such a lot of discussion. Rather obviously the content needed to be understood for the translation.

Sometimes a poet will tell me that they don't mind if the poem is altered to fit the needs of the translator. This is not a view I share. I feel the translation should reflect the poet's intention. However, this is not always possible. On occasions, I have been told, 'The word does not exist in the language being translated into'. Or simply has a completely different meaning. If I had written a poem and it contained the lines:

> *I spent my day by sea*
> *Plage des mondes*
> *Sunshine and ice cream…*

it would read very differently by a French and German reader. 'Plage des mondes' would read 'Beach of worlds' for a French reader and 'Plague of the moon' for the German. How different and thought-provoking, particularly 'plague of the moon'. This would need discussion with the poet.

If I'd contacted Michaël Batalla to ask permission to use his poetry, as I have with all the poets in this collection, he would have refused. He does not allow his poetry to be translated. It may be because translating literature goes beyond the translation of the precision of legality or politics. It is a skill that must understand the human emotions. If the translator has never been a pair of ragged claws or longed for the mermaid to sing, they cannot simply translate the words. It needs a depth not simply of understanding language but of the poet. For the poet, it is a leap of faith to allow their work to be translated. For this collection, I was part of all the discussions between poets, students and teacher. For all present, it was an experience not to be forgotten. We all learned not only about the poem, and I

Am petrecut recent o oră și jumătate discutând despre traducerea poemului „Tea", al poetei galeze Hanan Issa. Eu, împreună cu profesoara Domokos de la universitatea Karoli și trei masteranzi de naționalitate germană. Poemul în sine are treizeci de versuri, destul de simplu. Dacă aș mai preda, ar fi un poem perfect pentru introducerea adolescenților în studiul poeziei. A creat discuții intense între noi cinci. Era destul de evident că sensul trebuia să fie înțeles în vederea traducerii.

Uneori, un poet îmi spune că nu se supără dacă poemul său este modificat pentru a se potrivi nevoilor traducătorului. Nu este un punct de vedere pe care îl împărtășesc. Consider că traducerea ar trebui să reflecte intenția poetului. Totuși, acest lucru nu este întotdeauna posibil. În unele ocazii, mi s-a spus: „Cuvântul nu există în limba în care se traduce". Sau pur și simplu are un sens complet diferit. Dacă aș fi scris o poezie și ar fi inclus versurile:

Mi-am petrecut ziua pe mare
Plage des mondes
Soare și înghețată....

ar avea sens diferit pentru un cititor francez și un cititor german. „Plage des mondes" ar însemna „Plaja lumilor" pentru un cititor francez și „Ciuma lunii" pentru cel german. Cât de diferit și de profund, în special „ciuma lunii". Aceste sensuri ar trebui clarificate într-o discuție cu poetul.

Dacă l-aș fi contactat pe Michaël Batalla, așa cum am făcut cu toți poeții din această colecție, pentru a-i cere permisiunea de a-i folosi poezia, el ar fi refuzat. El nu permite ca poeziile sale să fie traduse. Poate pentru că traducerea literaturii merge dincolo de traducerea preciziei documentelor juridice sau politice. Este o competență care presupune înțelegerea emoțiilor umane. Dacă traducătorul nu înțelege povara bătrâneții sau nu a tânjit după cântecul sirenei, nu poate traduce pur și simplu cuvintele. Este nevoie de profunzime, nu doar de înțelegerea limbii, ci și a poetului. Pentru poet, a permite ca opera sa să fie tradusă este un pact de încredere. În cadrul acestei colecții, am luat

14   include the poet here, but also about ourselves and each other. Through language and understanding, interpretation of each other's words does human communication become greater. In these days of conflict in our world, the need is to communicate, use our unique ability and learn to understand one another.

John Eliot
Voulmentin, France
April 2024

parte la toate discuțiile dintre poet, studenți și profesor. Pentru toți cei prezenți, a fost o experiență de neuitat. Am învățat cu toții nu numai despre poezie, și aici îi includ și pe poeți, ci și despre noi înșine și despre ceilalți. Prin intermediul limbajului, al înțelegerii, al interpretării cuvintelor celuilalt, comunicarea umană devine mai complexă. În aceste zile de conflict mondial, este nevoie să comunicăm, să ne folosim capacitatea individuală și să învățăm să ne înțelegem unii pe alții.

Traducere de
Eliza Claudia Filimon
Timișoara, România
aprilie 2024

Rock

Phil Knight

Oh, my dead Dear,
Beautiful Daughter of Gaza.
It is so unfair to see you
dead in the dirt because
you are a Palestinian.

What is that?
You clutch in your hand?
It is not an atom bomb,
or a RPG. It is certainly
not a high magnitude
Snipers rifle.

It is a stone.
Far smaller than the rock
of Gibraltar.
It is bigger than a pebble,
but not as big as the speck
in the eye of your brother
which hid your humanity.

Swords can be turned
into ploughshares
and rocks can be used
to build houses.
However there seems
little alternative utility
to atom bombs
and bullets in the head.

Piatră

Rebeca Boboc, Bogdan Drugă

Draga mea dintr-un loc mai bun,
Frumoasă fiică a Gazei.
E atât de nedrept să te văd
fără suflare în noroi, doar pentru că
ești palestiniancă.

Ce e aceea?
Ce ții strâns în mână?
Nu e o bombă atomică
sau vreun lansator de grenade. Și sigur
nu e vreo pușcă cu lunetă
de mare precizie.

Este o piatră.
Cu mult mai mică decât stânca
Gibraltarului.
Este mai mare decât o pietricică,
dar nu la fel de mare ca paiul
din ochiul fratelui tău
care ți-a ascuns umanitatea.

Săbiile pot fi transformate
în pluguri,
iar pietrele pot fi folosite
la construirea caselor.
Cu toate astea, se găsesc
puține alternative de utilizare
a bombelor atomice
și a gloanțelor în cap.

Trying to Write

Ceinwen Haydon

Words flit in the belfry of her brain,
its corridors gloomed from doom-scrolling.
She longs to write, to scythe paths open, to dream
free away from night. Instead, lit candles flicker
out in frigid fake-news draughts, and thoughts
snuff out as well. Desperate, she trudges
out through her backdoor. Blinded by sun on snow
her head is cleansed. Her sight clears to reveal
a wren, nut-brown, balanced on a bare twig.
She cannot find a lexicon to save the world,
but she might picture this moment, this bird
in snug, tight lines within a tender haiku.

Încercând a scrie

Alexandra Inaşel

Cuvintele flutură în Clopotniţa creierului ei,
pe coridoarele pâlpâind a ştiri sumbre.
Tânjeşte să scrie, să despice noi cărări, să viseze,
Liberă, departe de noapte. În schimb lumânări aprinse pâlpâie
în curentul îngheţat al ştirilor false, iar gândurile
se sting şi ele. Disperată, se târăşte
afară prin uşa din spate. Orbită de soare sau de zăpadă
mintea ei e purificată. Vederea se limpezeşte ca să dezvăluie
o pitulice cafenie ca o nucă, în echilibru pe o crenguţă goală.
Ea nu poate găsi un lexicon care să salveze lumea,
dar ar putea să-şi amintească de acest moment, de această pasăre.
în tot confortul versurilor înghesuite într-un tandru haiku.

Fealty

Ceinwen Haydon

He had to stay and fight, so he'd calmly said.
For moments, she'd hated him, jealous
of his fierce love of homeland –
an interloper, inside their marriage bed.

Her baby boy needs his father,
has just learnt dada dada, first words
from his pretty lips. Fast asleep in her arms,
on a packed train (the last one out), he dribbles
on her sweat-stained blouse. His Teddy Bear
clutched tight against his gently rattling chest.

Packing hurriedly, she'd grabbed a photo
of a former lover. Deep down she knew
he also would have chosen country
over exile. Even unto death.

Exhausted, she weeps.
One day, her son might choose this, too.

Loialitate

Adina Scafariu

Trebuia să stea și să lupte, a zis el calm.
O vreme, ea l-a urât, geloasă
pe iubirea lui aprigă pentru patrie –
un intrus, în patul lor matrimonial.

Băiețelul ei are nevoie de tată,
tocmai a rostit tati, tati, primele lui cuvinte
auzite din gurița-i dulce. Adormit în brațele ei,
într-un tren plin (ultimul plecat), salivând
pe bluza ei transpirată. Își ține ursulețul
strâns la pieptul care tresare ușor.

Împachetând în grabă, a luat o fotografie
a unui fost iubit. În adâncul sufletului, știa
că și el ar fi ales patria în locul
exilului. Până la moarte.

Obosită, ea plânge.
Într-o zi, fiul ei ar putea alege același drum.

Tithonus and the Five Ages of the Universe[*]
Jonathan Taylor

Me only cruel immortality
Consumes: I wither slowly in thine arms,
Here at the quiet limit of the world,

fourteen billion years after the Primordial Era
only too aware that our swan-like Stelliferous Era
will after many a year dwindle toward its end
and all I have to look forward to
are the lights going out one by one
across the universe, galaxies coalescing,
stars burning down to embers,
till luminosity is but a memory.

Then will come the Degenerate Era
after a hundred or so trillion years
when the brand-newness of star-formation
is matter for photo-album-nostalgia
and there remain only brown dwarfs,
white dwarfs, all collapsing inward,
the universe spiralling down the drain

swallowed after 10 duodecillion years
by the Black Hole Era –
till even black holes evaporate

gradually bringing about
the unending end,
the Dark Era, 100100 years of waiting,
positrons, boredom and cold
in which particles pass one another
across the street, barely saying hello.

After that, well, there may be something else:
belated divine intervention, a crunch, a big rip

Tithonus şi cele cinci ere ale Universului*
Marisa Ranta

Singura mea nemurire
Se consumă: Mă ofilesc încet în braţele tale,
Aici, la limita ferită a lumii,

la paisprezece miliarde de ani după era Primordială
prea conştient că Era noastră Steliferică, o lebădă
se va micşora după mai mulţi ani cât mai aproape de sfârşitul ei
iar tot ce trebuie să aştept cu nerăbdare
sunt luminile stingându-se una câte una
în jurul universului, galaxiile unindu-se
stele arzând până la cenuşă,
până luminozitatea rămâne doar o amintire

Apoi va urma Era Degenerată
după o sută sau mai multe trilioane de ani
când noile formaţiuni de stele
emană nostalgia unor poze de album
şi acolo rămân doar pitici maro,
pitici albi, toţi prăbuşindu-se înăuntru
universul ducându-se pe apa sâmbetei

înghiţit după 10 decilioane de ani
de Era Găurilor Negre –
până însăşi găurile negre s-au evaporat

Încetul cu încetul formând
nesfârşitul sfârşit
Era întunecată, miliarde de ani de aşteptare,
pozitroni, plictiseală şi frig
în care particulele trec una pe lângă alta
pe stradă, abia salutându-se.

După aceea, ei bine, ar mai fi ceva:
intervenţia divină întârziată, un scrăşnet, o mare ruptură

24   in which spacetime itself is torn to pieces

      but I know I will still be here
      remembering Ilion,
      remembering you.

*After Alfred Tennyson, 'Tithonus' (1860), and Fred Adams
and Gregory P. Laughlin, *The Five Ages of the Universe: Inside
the Physics of the Universe*, 1999.

dar eu știu că voi fi aici
amintindu-mi de Ilion
amintindu-mi de tine.

*După Alfred Tennyson, 'Tithonus' (1860) și Fred Adams
și Gregory P. Laughlin, *The Five Ages of the Universe: Inside
the Physics of the Universe*, 1999.

Oedipus and Tiresias

Jonathan Taylor

After Sophocles

Beloved Oedipus,
there will always be a Tiresias
sitting tight-lipped in the corner
of chamber, pub or courtroom,
not saying what he is thinking,
his eyeballs an opaque mirror
on plague, famine, massacre,
a city of wailing and ashes.

Beloved Oedipus,
you can interrogate him,
beat him, even arrest him
for silence under oath,
deviancy, transgenderism
or for your father's murder
(as you have many others)
but still you see what he sees
within and cannot unsee it
despite dossiers, ministers,
secret police and newspapers.

Beloved Oedipus,
you can kill him as your father
or fuck him as your mother
or both. It hardly matters
for there'll always be others
somewhere in the crowd
blindly knowing what you
have done in the past
and will continue to do.

Oedip şi Tiresias
Isabela-Lorena Vesa

După Sofocle

Iubite Oedip,
va exista întotdeauna un Tiresias
care stă cu buzele strânse într-un colţ
de cameră, bar sau tribunal,
fără să spună ceea ce gândeşte,
cu ochii asemenea unei oglinzi opace
fixaţi asupra ciumei, foametei, masacrului,
un oraş de jale şi cenuşă.

Iubite Oedip,
poţi să-l interoghezi,
să-l baţi, chiar să-l arestezi.
pentru tăcere sub jurământ,
devianţă, transsexualitate
sau pentru uciderea tatălui tău.
(aşa cum aţi făcut cu mulţi alţii)
dar totuşi vezi ceea ce vede el
înăuntru şi nu poţi să nu-l vezi
în ciuda dosarelor, a miniştrilor,
a poliţiei secrete şi ziarelor.

Iubite Oedip,
îl poţi ucide ca pe tatăl tău
sau să i-o tragi ca mamei tale
sau ambele. Nu contează
pentru că întotdeauna vor fi alţii
undeva în mulţime
orbeşte, ştiind ceea ce tu
ai făcut în trecut
şi vor continua să facă.

Determination

Jonathan Taylor

On the occasion of a tenth anniversary

Because I wasn't yet too drunk to see your legs
(because the Union watered down its pints),
because you'd got over tonsillitis
and wanted to see some band I can't recall,
because that morning your crisps were heart-shaped,
because you'd gone to Warwick not thank God Oxford,
because (slow as ever) I'd taken too long to do my course,
because you'd wanted to escape a home
of arranged marriages, forced exile, angry relatives,

and no doubt (therefore) because of previous marriages,
forced exile, angry relatives,
so because of '74, invasions, displacements,
and on my family's side because of 1930s poverty,
people marrying people they shouldn't,
children and money changing hands,
and later because of divorce, ECT, second marriages,

all with roots in post-World War I depression,
World War I itself, what happened to an Archduke,
industrial revolutions in Britain and Germany,
(particularly that of the cotton industry),
and ultimately because of pre-industrial feudalism,
in Britain or Cyprus or somewhere else,
as well as apes, evolution, language, tools,
that bloody butterfly who's always flapping his wings in Rio
causing hurricanes in Moscow
even before Rio and Moscow were invented –
and, long before butterflies, Rio or Russia,
a fourteen-billion-year-long pre-history back to a first because,

and because, if space-time isn't linear, somewhere in the future

Determinism

Daria-Andreea Jugan

Cu ocazia celei de-a zecea aniversări

Pentru că încă nu eram atât de beat să nu-ți văd picioarele
(pentru că Uniunea și-a diluat halbele cu apă),
pentru că te-ai vindecat de amigdalită
și voiai să vezi o trupă de care nu-mi mai amintesc,
pentru că dimineață chipsurile tale aveau formă de inimă,
pentru că, slavă Domnului, ai mers la Warwick, nu la Oxford,
pentru că (lent cum sunt) mi-a luat prea mult să-mi țin cursul,
pentru că ai vrut să fugi dintr-o familie
de căsătorii aranjate, exil forțat, rude furioase,

și fără îndoială (așadar) din pricina căsniciilor anterioare,
exil forțat, rude furioase
și din pricina lui '74, invazii, metaforfoze,
iar de partea familiei mele din cauza sărăciei din anii '30,
oameni căsătorindu-se cu cine nu trebuie,
copiii și banii la schimb,
iar mai târziu din cauza divorțurilor, electroșocurilor, celei
de-a doua căsătorii,

toate cu rădăcini în depresia de după Primul Război Mondial,
Primul Război Mondial ca atare, ceea ce a pățit un arhiduce,
revoluțiile industriale din Marea Britanie și Germania,
(în special cea din industria bumbacului),
și, în fine, din cauza feudalismului preindustrial,
în Marea Britanie, Cipru sau altundeva,
precum și a maimuțelor, a evoluției, a limbajului, a uneltelor,
a acelui fluture nenorocit care bate din aripi neîncetat la Rio
provocând uragane la Moscova
chiar și înainte ca Rio și Moscova să se fi inventat -
și, cu mult înaintea fluturilor, a lui Rio sau a Rusiei,
o istorie veche de paisprezece miliarde de ani, până la un prim
„pentru că”

30   dreaming of being born were Rosie and Miranda,

because of everything
(which is, no doubt, philosophically speaking, the same as
saying nothing),
I asked you if you wanted a drink
and you said yes
and – without sounding overly bathetic about it –
a universe was in those words.

și pentru că, dacă spațiul și timpul nu-s liniare, undeva în viitor
cu visul de a se naște erau Rosie și Miranda,

din cauza a tot
(care este, fără îndoială, din perspectivă filozofică, sinonim cu
nimic),
te-am întrebat dacă ai chef să bem ceva
și ai spus da
și – fără să sune prea bășcălios -
un univers era în acele cuvinte.

Stones

Peter Thabit Jones

Stones take to each other naturally,
Like a family of sleeping creatures,

The large ones accommodate little ones,
To create a colony of hardness;

They rest in centuries of stark stillness;
They are elephant-heavy to lush grass.

Their colours employ the afternoon sun;
They are as warm as loaves from an oven.

Each one embodies its personal death;
They are cobbled memories of the sea;

They are the solid language of labour:
Each one weathered to a perfect image.

They rest, innocent of their history,
Like a grey display of featureless skulls.

They have tasted our sweat and absorbed our blood.
They rise and fall, symbols of man's conscience.

Their persistence has sculptured their silence;
They hint that their souls haunt other planets.

They are magnets for our primitive thoughts;
They are the armour of truths beyond us.

They shape our built fears of an afterlife,
They could tempt us into acts of worship.

Pietre

Isabela-Lorena Vesa

Pietrele se înțeleg în mod natural,
Ca o familie de creaturi adormite,

Cele mari le găzduiesc pe cele mici,
Pentru a crea o colonie de duritate;

Se odihnesc în secole de liniște crudă;
Sunt grele ca un elefant pentru iarba luxuriantă.

Culorile lor profită de soarele de după-amiază;
Sunt calde ca niște pâini din cuptor.

Fiecare își întruchipează propria moarte;
Sunt amintiri pietruite ale mării;

Ele sunt limbajul solid al muncii:
Fiecare dintre ele se transformă într-o imagine perfectă.

Se odihnesc, neștiind de istoria lor,
Ca o expoziție gri de cranii fără trăsături.

Ne-au gustat sudoarea și ne-au absorbit sângele.
Se ridică și cad, simboluri ale conștiinței umane.

A lor persistență le-a sculptat tăcerea;
Dau de înțeles că sufletele lor bântuie alte planete.

Sunt magneți pentru gândurile noastre primitive;
Ele sunt armura adevărurilor de dincolo de noi.

Ele modelează temerile noastre despre viața de apoi,
Ele ne-ar putea ispiti către acte de venerație.

Heron: Monterey Wharf, California

Peter Thabit Jones

Heron, hunch-backed,
Drab chapel-grey,
Bedraggled loner,
Still as a statue
On guard, staring
Away and stood
In a calmness
Perfected since birth.

What is a moment
In unbothered composure?
The ridiculous legs,
The ungainly posture,
The dagger of a beak
Too big for its head,
A bit of a tramp,
A second-hand bird.

Yet the flap into flight
Becomes an expert glide,
A serious focus,
A hunting ride,
A visual beauty
Snapped by the tourists,
As his wide wings seem
To dream across

His stretch of heaven.

Stârc (Debarcaderul Monterey California)

Alexandra Inaşel

Stârc cocoşat
De un gri monoton ca zidurile unei mănăstiri,
Singuratic zdrenţăros,
Tăcut ca o statuie
De strajă, privind
În gol
Într-o linişte
Perfecţionată încă din faşă.

Ce este clipa
În compoziţia nemişcată?
Picioarele ridicole,
Postura stângace,
Ciocul acela ca un pumnal,
Prea mare pentru capul său,
Cu ceva de vagabond
De pasăre la mâna a doua.

Şi totuşi bătaia aripilor în noapte
Devine o alunecare de expert
O concentrare serioasă,
O incursiune de vânătoare,
O frumuseţe vizuală
Prinsă de turişti pe cameră
Când aripile sale larg deschise par
să viseze de-a curmezişul

Colţului său de rai.

Barbie Oppenheimer

Jack Caradoc

Monday it was 1959 .
I was on the catwalk modelling ideals,
moulded by other ideals and ideas
of the patriarchy and capitalism.

Tuesday 1945, it was before me,
in the era of the baby dolls that
they turned their faces to New Mexico
and betrayed the hispanolas before
they brought the cancer of war

It took me 57 years before the brains
that gave me this status looked beyond
the colour of my plastic and they made
me in their own image.
Thinking themselves gods.

Before that I was everywhere the same,
everywhere identical, like newsprint.
Like laughter imprinted on W.a.s.p. faces
like an absence in a third world crib.

Ker–ching ! diversity is money not guilt.

Now, I am become death
She giggles, the destroyer of worlds.
Her smile as bright as a thousand magenta suns.

Barbie Oppenheimer

Adina Scafariu

Luni, 1959.
Eram pe podium în idealuri îmbrăcată,
de alte idei și idealuri modelată
ale patriarhiei și capitalismului.

Marți, 1945, era înainte să mă nasc,
în era chipurilor de porțelan care
și-au întors fața către New Mexico
și i-au trădat pe spanioli înainte
să aducă ei cancerul războiului

Mi-a luat 57 de ani până când
mințile ce mi-au dat acest statut au privit
dincolo de plasticul colorat și m-au
făcut după chipul și asemănarea lor.
Crezându-se zei.

Înainte, eram la fel peste tot,
identică peste tot, ca un ziar.
Ca zâmbetul imprimat pe chipurile W.A.S.P.
ca o absență în leagănul lumii a treia.

Cha-cing! Diversitatea înseamnă bani, nu vină.

Acum, am devenit moartea
Ea, distrugătoarea lumilor, chicotește.
Zâmbind la fel de aprins ca mii de explozii roșu-purpurii.

Dad ticking in the Background
Jack Caradoc

I never knew what made my Dad tick
only that at some point he stopped
and could not be fixed by the horologists
of that or any other time.

I can only rebuild him from the memories
of handed down cogs and keys from others,
From the tesserae of painted bingo boards
with their sour ale bottle top markers clinking.

From the procession of prizes that once filled cabinets
before my clumsy infant hands shattered their cheap
faux china into yesterday.
From the polo mint and sweat,
rolled up newspaper and flat cap
of his walk home from the bus.
The welding flash in his eye,
the terrain of his uneven hands,
The love that he left in my beginnings
like work boots on the doorstep drying in the sun.

Now every clock that stops reminds me of his absence,
Every moment I observe in the mirror of my age
moves me towards his reflection.

Tata ticăind pe fundal

Daria-Andreea Jugan

Niciodată n-am știut ce l-a făcut pe Tata să ticăie
doar că la un moment dat s-a oprit
și n-a mai putut fi reparat de ceasornicarii
din acea vreme sau din oricare alta.

Nu pot să-l regăsesc decât în amintiri
cu rotițe și chei moștenite,
În tezaurul tablelor de bingo colorate
cu semnele lor de sticle de bere acrișoară zornăind.

În colecția de premii care cândva umpleau vitrinele
până ca mâinile mele stângace de copil să spargă
porțelanul ieftin și fals și să le prefacă în trecut.
În haina de culoarea mentei și în sudoare,
ziarul mototolit și șapca plată
în drumul lui spre casă de la autobuz.
Sclipirea de sudor din ochii lui,
suprafața mâinilor sale inegale,
Dragostea pe care el a lăsat-o în începuturile mele
ca niște cizme de lucru pe pragul ușii, uscându-se la soare.

Acum, fiecare ceas ce se oprește îmi amintește de lipsa lui,
Fiecare clipă pe care o surprind în oglinda anilor mei
mă conduce spre reflexia lui.

Shelter

Jack Caradoc

for and after David Kinloch

The poem kneels
at the water's edge,
religious as a river,
baptismal, fathoms deep.

Here, high up is the stone
from which we shall leap.

Words alone, visceral, feral,
in someone else's wood,
crouch under lofty branches.
Looking up, mouths full
of exclamation marks.

Here to one side or another
is the place we are
predestined to park.

Music, art, other vagrants
line the street with Styrofoam
cups, the occasional mutt
for warmth.

Here, down on our uppers,
the obvious lies for bus fares
home, or cups of coffee.

The salt we look back
on with fondness.
The hammer-hard eyes,
hitting only ahead,
nail the street shut.

Adăpost

Rebeca Boboc

pentru și după David Kinloch

Poemul îngenunchează
la marginea apei,
religios ca un râu,
baptismal, în adâncuri.

Aici sus este stânca
de pe care vom sări.

Cuvinte însingurate, viscerale, feroce,
în crângul cuiva,
se ghemuiesc sub mândrele ramuri.
Privind în sus, guri pline
de mirare.

Aici, într-o parte sau într-alta
e locul în care suntem
predestinați să parcăm.

Muzică, artă și alți vagabonzi
căptușesc strada cu pahare
din polistiren, potaia ocazională
pentru căldură.

Aici jos, deasupra noastră,
evidența zace în bilete de autobuz
spre casă sau cești de cafea.

Sarea la care ne uităm
în urmă cu nostalgie.
Ochii duri ca ciocanul,
lovind doar înainte,
închid strada, țintuind-o.

Kafka's World

Mandira Ghosh

Smell of death fills the air
Smell of dead bodies, dead bones
Bodies fainted in Ventilators
OTs
Like frogs in the wax-board
Ready for dissection…

Morbid evenings
condemn the virus
Man waits in the crematoriums
Doesn't touch his son's body
Cremations if possible are unattended
Funerals are without relatives.
All wail without touching others...

It is Kafka's world.
Camus cries as he is powerless
Facing distress and destiny
in a morbid, distraught world .

Then from cities survivors move to nowhere
Entire livings on their cycles
Wife delivers the baby on the street.
Whom to blame, only God can send remedies!

Oh! Krishna we all know that the soul is immortal

But can you tell us
Where are they moving?
Towards which destinations?
Unknown destinations

Migration to their homes?

Lumea lui Kafka

Rebeca Boboc

Miros de moarte umple aerul
Miros de trupuri moarte, oase moarte
Trupuri leşinate pe ventilaţie
Săli de operaţie
Ca broaştele în cutia de ceară
Gata de disecţie...

Seri morbide
condamnă virusul
Bărbatul aşteaptă în crematoriu
Nu atinge trupul băiatului său
Incinerările, dacă se poate, sunt neasistate.
Înmormântările sunt fără rude.
Toţi se tânguiesc fără să-i atingă pe ceilalţi...

E lumea lui Kafka.
Camus plânge neputincios
Înfruntând suferinţă şi destin
într-o lume morbidă, nebună.

Apoi, supravieţuitorii se mută din oraşe nicăieri
Vieţi întregi în ciclurile lor
Soţia dă naştere copilului pe stradă.
Pe cine să dăm vina? Numai Dumnezeu poate da vindecare!

Oh! Krishna, toţi ştim că sufletul e veşnic

Dar poţi să ne spui
Unde se mută?
Către care destinaţii?
Destinaţii necunoscute

Migrează către casele lor?

44   Migrants marching.

Indeed marching
Before the next battle begins...

Într-adevăr, mărșăluind.
Înainte ca următoarea bătălie să înceapă...

Lost Compass
Mandira Ghosh

shells of the snails
measure the forces of the sea
hidden compass
belonging to an ancient sailor
teach the snails, of
the direction and water tales...

touch the snail
that moves towards azure water
hidden inside the patient snail
the truth behind existence and death

rusted nail
teaches all the existence of moment and space.

death touches
frequently on the banks
rusted directionless dusted compass
hidden behind sand and dust
find its way
through the sailing boat...

erect poisoned compass
tells all the date of time
immemorial, and eternal
beyond the five senses
touches the motionless sand
to tell the story of a mariner
of his adventure and death
and of his dignity and wealth.
wealth of the river and her bank
as it made eternal time freeze...

Earlier the river water had flown upstream
to mingle with the azure dark blue.

Busola pierdută
Ana Obrejan

cochiliile melcilor
măsoară forțele mării
busola ascunsă
aparținând unui marinar antic
învață melcii, de
direcția și poveștile apei...

atinge melcul
se îndreaptă spre apa azurie
ascunsă înăuntrul melcului
adevărul din spatele existenței și al morții

cuiul ruginit
învață toată existența clipei și a spațiului.

moartea atinge
frecvent malurile
busola ruginită și fără direcție
ascunsă de nisip și praf
găsește drumul
prin intermediul bărcii care navighează

busola erectă otrăvită
indică toată data timpului
imemorială și eternă
dincolo de cele cinci simțuri
atinge nisipul nemișcat
să spună povestea unui marinar
despre aventura și moartea lui
și a demnității și bogăției sale.
bogăția râului și a malului său
care a făcut timpul etern să înghețe...

În trecut, apa râului a curs în amonte
pentru a se amesteca cu azuriu albastru închis.

Life – A Hymn
Mandira Ghosh

And thus was created a welfare state
With mankind's zeal
That could heal
The wounds due to wars and suppressions
Hatred and starvation.

Waiting and wailings could be over
Nocturnal rains will also shower
To rejuvenate
The remaining dreams
That will create their lives as hymns.

We look ahead towards those dreams
That will be fulfilled because of their compassionate stream.
Through saline tears of men and women
Will reflect through the transparent gleam.

Viața – un imn

Bogdan Drugă

Iar astfel a fost creat un stat al bunăstării,
Cu râvna umanității,
Ce ar putea să vindece
Toate acele răni, de război și de subjugări,
De ură și de foamete-aduse.

Așteptarea și jalea ar putea fi-acum uitate
Iar ploile nocturne vor cădea din nou
Pentru a readuce la viață
Visele ce-au rămas vii,
Pentru-a face din vieți adevărate imnuri.

Suntem cu privirea-nainte, către acele visuri
Ce vor fi împlinite datorită valurilor compătimitoare:
Prin lacrimile saline ale bărbaților și femeilor
Se vor reflecta prin raze, incolor.

Feeding Fish at Fontainebleau

John Eliot

Her eyes aged nine
Deep blue inside mine. How long,
She asked,
Do you think will I live?
Saddened, I said, I don't know.
I don't know, she said,
Picking a piece, bread
From the stones.
The old man, kind,
Had left us pieces. For the fish.
Feeding fish at Fontainebleau.
Look, flaming copper, burning water.
A miracle. She laughed.
The King, I told her.
The others follow. Carp.
They are all carp. Black and gold, mouths
Taking bread like a final meal.
We broke bread, this Eastertime.
Feeding fish at Fontainebleau.
I know you, she said, touching me.

Hrănind pești la Fontainebleau

Andreea-Ștefania Ghimpău

La nouă ani, ochii ei
Reflectau albastru profund într-ai mei. Cât timp,
A întrebat,
Crezi că voi trăi?
Am spus, întristat, nu știu.
Nu știu, a spus,
Ridicând o bucățică, pâine
Dintre pietre.
Bătrânul, amabil,
Ne lăsase bucățele. Pentru pești.
Hrănind pești la Fontainebleau.
Iată, aramă incandescentă, apă în flăcări.
Un miracol. Ea a râs.
Regele, i-am spus.
Ceilalți îl urmează. Crap.
Toți sunt crapi. Negri și aurii, guri
Mâncând pâine ca pe o ultimă cină.
Am frânt pâinea, în acest timp pascal.
Hrănind pești la Fontainebleau.
Te știu a spus ea, atingându-mă.

Meeting Ernest

John Eliot

Dogs bark.
Along the path
fist of sun
shifts shadows through the trees,
patterns on the rough track.
Art for the blind. Ernest stands. Waiting
not for me, still
raises an arm
shouts. I will not hear.
Perhaps he understands.
I do not care.
I am in the corner
and like the scutigera
scurry across the white wall,
hide behind a picture frame.

Întâlnindu-l pe Ernest

Rebeca Boboc

Câini latră.
De-a lungul cărării
un pumn de soare
schimbă umbre printre copaci,
modele pe drumul aspru.
Artă pentru orbi. Ernest stă. Așteaptă;
nu pe mine, totuși
ridică o mână,
strigă. Nu vreau s-aud.
Poate că-nțelege.
Nu îmi pasă.
Sunt în colț
și, ca un miriapod
grăbindu-se de-a lungul albului perete,
m-ascund după o ramă de tablou.

Men Disappoint

John Eliot

Birds flight as a cloud
black against grey sky.
My daughter tells me, 'Men disappoint.'
There is no sun to set today.
Only darkness grows
if coming and going nowhere.
Looking from the window
reflecting my image. At
times like these,
dreams scatter.
I feel her sorrow.

Bărbații dezamăgesc

Marisa Ranta

Zborul păsărilor ca un nor
negru pe cerul gri.
Fiica mea îmi spune, „Bărbații dezamăgesc."
Astăzi nu există soare care să apună.

Doar întunericul ne împresoară
ajuns la noi și îndreptându-se spre nicăieri
Privesc de la fereastra
care îmi oglindește chipul. În
astfel de momente,
visurile se spulberă.
Îi simt durerea.

Myplace

Karen Gemma Brewer

"Can I come with you?"

"You don't know where I'm going."

"Yes I do!"

"(laughs) So where might that be?"

"Away."

"Away where?"

"Away from here."

"And what's so bad about here?"

"Here is neither bad nor good. It is nothing, that's what's so awful about it."

"What makes you think 'there' is better?"

"It will be something. And, there will be the journey."

"So it is journeying you're after?"

"Change."

"Even a change for the worse?"

"If it is too terrible, there can be another journey, and then another."

"What if you can never stop?"

"I will stop."

"When, where?"

"When I find myplace."

"I see. It is true, everyone has to find their place, but what if your place is here?"

"I admit that may be possible, but it is not 'now!'"

"Ah, there is always 'now' and 'not now', here or there."

"Can I come with you?"

"Now?"

"Yes."

"Yes."

Loculmeu

Daria-Andreea Jugan

— Pot să vin cu tine?

— Nici nu știi unde merg.

— Ba da, știu!

— (râsete) Și unde ar putea fi asta?

— Departe.

— Departe unde?

— Departe de aici.

— Și ce-i așa de rău aici?

— Aici nu-i nici rău, nici bine. Nu-i nimic, de asta e atât de cumplit.

— Ce te face să-ți închipui că «acolo» e mai bine?

— Va fi cumva. Și... va fi și călătoria.

— Deci tu cauți o călătorie?

— Schimbare.

— Chiar și o schimbare spre mai rău?

— Dacă va fi prea dureroasă, poate urma altă călătorie și apoi încă una.

— Dacă nu te vei putea opri niciodată?

— Mă voi opri.

— Când, unde?

— Când voi găsi loculmeu.

— Înțeleg. Într-adevăr, fiecare trebuie să-și găsească locul, dar cum ar fi ca locul tău să fie aici?

— Recunosc că e posibil, dar nu e «acum»!

— Ah, mereu va exista «acum» și «nu acum», aici sau acolo.

— Pot să vin cu tine?

— Acum?

— Da.

— Da.

Bouquet of Giraffes

Karen Gemma Brewer

You gave me a bouquet of giraffes
a beautiful array of heads and stems
artistically entwined in greenery
cellophane wrapped with a red ribbon bow
a sponge at the base to catch the blood
Making arrangement in a lead crystal vase
I wonder what happened to the torsos
and whether their long spindly legs
were recycled as tripods or bean sticks
or extendable rods for chimney sweeps
I direct our display to the wide wooden sill
of a window in the home-cinema room
with its pained glass outlook to the garden
instructing the lawn be unmown for a week
so to them it may appear more savannah
Do you water giraffes I ponder
fearing droopy heads and lolling tongues
or marinade their necks in mango juice
to keep them reaching for imaginary leaves
in belief they are free in a buffet of trees
They watch me sip cocktails on my lounger
splash from a terrazzo tiled waterhole
tennis against the service machine
their wide-open eyes of surprise or pity
unblinking unflinching unthinking un-be
In a jungle of green chiffon couture
I nibble at canapes gulp African wine
at home in their company under a canopy
of what-ifs and maybes no-shows and not-yets
a cacophony of sun-damaged dreams and regrets
At night I can't sleep for their absence
sure I hear them stampede neck and neck
creep down the stairs through the darkness
in hope I might catch a glimpse of their wildness

Buchet de girafe

Andreea-Ştefania Ghimpău, Diana Florescu

Mi-ai dăruit un buchet de girafe
o gamă variată de capete şi tulpini
împletite artistic în verdeaţă
ambalat în celofan cu o fundă roşie
un burete la bază ca să adune sângele
Aranjându-le într-o vază de cristal cu plumb
mă întreb ce s-a întâmplat cu trunchiurile
şi dacă picioarele lor lungi şi slăbănoage
au fost reciclate ca trepiede sau beţe pentru fasole
sau ca tije extensibile pentru curăţarea hornului
Aduc aranjamentul nostru pe pervazul lat din lemn
al unei ferestre din sala mea de cinema
cu geamuri pictate şi privelişte spre grădină
cerând ca iarba să nu fie tunsă timp de o săptămână
ca să le pară lor mai sălbatică
Mă întreb dacă girafele trebuie udate
temându-mă de capete căzute şi limbi leşinate
sau să le marinez gâturile în suc de mango
ca să le împiedic să ajungă la frunze imaginare
crezând că sunt libere într-un bufet de copaci
Mă privesc sorbind cocktailuri pe şezlong
împroşcând apa dintr-o cişmea din terrazzo
jucând tenis contra lansatorului de mingi
ochii lor holbaţi plini de uimire sau de milă
neclipind neezitând negândind nefiind
Într-o junglă croită din şifon verde
Mănânc tartine sorb vin african
acasă în compania lor sub un baldachin
de îndoieli absenţe şi neajunsuri
o cacofonie de vise şi regrete arse de soare
Noaptea n-am somn în lipsa lor
le aud cum se bat cap în cap
strecurându-se pe scări prin beznă
în speranţa că voi întrezări sălbăticia lor

60   but see only moonlight silhouettes
You gave me a bouquet of giraffes
but your final message was lost or misplaced
along with your courage to leave face to face
and perhaps in the vase on the sill are carnations
and the sponge soaked in blood at their base is my heart

dar văd doar siluete străvezii
Mi-ai dat un buchet de girafe
dar mesajul tău final s-a pierdut sau s-a rătăcit
alături de curajul tău de a mă părăsi față în față
și poate că în vaza de pe pervaz sunt garoafe
iar buretele plin de sânge de la baza lor este inima mea

Skin

Alice Brooker

I see myself getting ready, smacking up
My skin like I were jaundice
Yellow, toxic as the post-

It note on the mirror, reminding me
To suck in Big Belly all day.
I pinky promise her she will be smaller
Come evening.

Lecture one went by breakfastless,
Deranged. Friend and I were gassed
Upon a shared hunger. Drugged and
Hopeless and
Filling holes with coffee and prayers.

I sent her delirious texts, outlining
The stomach murmurs and a murderous
Plan to flat pack them all into Mr. Nightclub.
She said my twitching thumbs were worrying,
Admirable and fevered.

Alone in the Express I caved outwards, and stole
Away back home with a Doritos sharing pack.

The Summer stroll crunched bone-like inside me,
Then spat itself out fifteen minutes in, disgusted.

You could've at least finished it, says big
Bellied bin sitting with my guilty leftovers.

But I am taking care of myself, I plead
To bed, to bed, no more

I nap inside this mirrored morning,

Pielea

Ana Obrejan

Mă văd pregătindu-mă, pleznindu-mi
Pielea ca și cum ar fi icter
Galbenă, toxică ca și notițele adezive

Stăteau lipite pe oglindă, amintindu-mi
Să-mi trag burta toată ziua.
I-am promis solemn că va fi mai mică
La venirea serii.

Primul curs a trecut fiind nemâncată,
Tulburător. Eu și prietena eram lihnite
De o foame comună. Drogate și
Deznădăjduite și
Umplând golurile cu cafea și rugăciuni.

I-am trimis mesaje delirante, subliniind
Chiorăitul stomacului și ucigașul
Plan de a le aplatiza pe toate în dl. Club de noapte
Ea a spus că degetele-mi tremurânde erau alarmante,
Admirabile și febrile.

Singură în Expres, exteriorul mi-a cedat și am dat
Fuga înapoi acasă cu o pungă de Doritos.

Plimbarea de vară a trosnit ca un os în mine,
Apoi s-a scuipat după un sfert de oră, dezgustată.

Puteai măcar să o termini, spune marele
Tomberon uman stând cu vinovatele rămășițe.

Dar am grijă de mine, mă justific
La somn, la somn, atât

Ațipesc în reflexia acestei dimineți,

64   Detecting that my buttered image warned
      Me of such greasy habits. I look down–

      Is that my midriff or a potato wedge?

      I do not know how to love my body
      Mirror says nor do I

      Nights out make us grieve for girlhood
      My minidress makes me cry

      Before we leave I smiled at you but
      Something scary caught my eye

      My greedy teeth are yellow too, I'm dyed
      And I die

      And I die.

Sesizând că sleioasa mea imagine îmi evidențiază
Obiceiurile-mi grețoase. Mă uit în jos-

Este acela abdomenul meu sau un colac?

Nu știu cum să îmi iubesc corpul
Oglinda spune nici eu

Nopțile în oraș ne fac să tânjim după adolescență
Fusta-mi mini mă face să plâng

Înainte să plecăm ți-am zâmbit, dar
Ceva îngrozitor mi-a atras atenția

Dinții-mi lacomi sunt la fel, galbeni, părul meu în culori stinse
Și mă sting

Si mă sting.

Abroad in Thought
Alice Brooker

Casa Milà, Barcelona
Where the walls curve is movement, my palm rests
On the limestone and electrons dance among themselves.
Had I been more intelligent… or smaller… or just thin

Air

My fingers would've dropped in like carbons,
Rising and falling beneath the balconies.

The architect mouthed nothing is invented

These walls arrive from watching waves
And
This house has not yet become. It retreats
And retreats further, back to an origin lying
Somewhere in the ribcage of a
Blue whale.

When I am inside and being digested I see

You

Staying whole, and he explains to me that this is normal.
Here you are a discovery to be left untouched,
Like the walls you have movement, lying in the stillness.

So I notice your arms, the joints angled like branches
Breaking out from the blossom trunk.
Thick green tears sprout from your hands but only fall
As orange flowers, slowed by the thin air.
Thin air holding carbon.

And if I were carbon, I'd fall again.
Disappearing through your wooden rib cage and
Retreating, retreating towards an origin and

Becoming

Gând străin

Marisa Ranta

Casa Milà, Barcelona
Unde pereții își arcuiesc mișcările, palma mea se odihneşte
Pe stratul de piatră şi electroni dansează între ei.
Dacă aş fi fost mai inteligentă...sau scundă... sau doar slabă

Aer

Degetele mi-ar fi căzut ca nişte cărbune
Ridicându-se şi prăbuşindu-se sub balcoane.

Arhitectul murmură nimic nu este inventat

Aceşti pereți au prins viață datorită valurilor
Şi
Această casă nu s-a transformat încă. Se retrage
Şi se retrage mai departe, înapoi la o origine zăcând
Undeva în cutia toracică a unei
Balene albastre.

Când sunt înăuntru digerată te văd

Pe tine

Rămânând întreg, iar el îmi spune că e normal.
Aici eşti o descoperire lăsată neatinsă
Te mişti precum pereții, stând în linişte

Aşa că îți observ brațele, încheieturile înclinate ca nişte ramuri
Evadând din trunchiul înflorit.
Lacrimi verzi şi groase încolțindu-ți din mâini dar cad doar
Ca florile oranj, încetinite de aerul subțire
Aer subțire amestecat cu cărbune

Şi dacă aş fi fost cărbune, aş fi căzut din nou.
Dispărând prin cutia ta toracică de lemn şi
Îndreptându-mă, îndreptându-mă spre o origine şi

Transformându-mă

Girl in Black, Andalucia

Francesca Duffield

Sol y sombra, mis ninas:
I leave you now, to go
the shadow way, the other way
from where you,
all you sorrowing moths
hovering now about my sinking flame,
will spill into the summer dazzle
from the dark church
of goodbyes

will dry your eyes, feel a little guilty
as you complain last year's dress
for the August Fair is too tight,
remembering
how my best black wool coat
swirled about my shrunken body

when I trembled at each step
into the early Spring sunshine;
you held me up to the warmth
as if it might revive me,
rekindle the embers

but no roaring lion sun,
no warm hands and kisses,
could keep me
from the road of the cold shadow

Fata în negru, Andalucia

Ana Obrejan, Bogdan Drugă

Sol y sombra, mis ninas:
vă las de-acum să mergeți
pe calea umbrei, -pe cealaltă cale,
de unde voi,
molii îndurerate,
zburați acum în jurul flăcării mele pâlpâinde,
vă veți împrăștia în lumina verii
din întunecatul lăcaș
de bun-rămas

vă veți șterge ochii, simțiți-vă un pic vinovați
când vă plângeți că rochia de anul trecut
pentru ruga din august e prea strâmtă,
amintindu-vă
cum cel mai bun palton negru de lână al meu
cădea pe-al meu trup stafidit

când tremuram la fiecare pas
în soarele de primăvară timpurie;
m-ați scos la soare
ca și cum m-ar putea revitaliza
ar reaprinde scânteia

dar nici soarele, asemenea unui balaur furios,
nici mâinile sau săruturile calde,
nu m-au putut aduce înapoi
de pe drumul umbrei reci

To The Other Side: (Wheeled and Drenched)
Shih-Min Sun

Poem for my grandpa who fled from China on 1949

To the other side: wheeled and drenched
                ships rolled
                        sparse: away
thunder knotted in the woods
lumps of salt, ropes and all: loosen
 ice quaked
reckless piece of frozen soil deck
rang through bells
                stones the daughter born over there: whimpered
        Laid low / heaviness / journey
unrelinquished, head of wrung rippling
wild flowers, heads—
edged a little / stirred / but soon drew distant
            far from every: evening star / her tiny toes / country
dog:
bark
wrapped, cotton soaked, on ridge of dazzling dune
falling snow, cushioned
slide back slide back
           to hollow strait, cool-vessel: bones strewed
on and on
              ran deep— shadowy lighthouse
cyan dream / dissolved
an egg: clashed, oval, hand palms
pumping over
dawn-veined
began to take shape and flow: dimpled
in silence.

Pe celălalt mal: (pe roţi şi ud leoarcă)
Adina Scafariu, Marisa Ranta

Poem pentru bunicul meu care a fugit din China în 1949

Pe celălalt mal: pe roţi şi ud leoarcă
     câteva nave
         se îndreptau: spre nicăieri
tunetele zguduiau pădurea
bucăţi de sare, frânghii şi altele: zac împrăştiate
gheaţa s-a crăpat
blestemata bucată de ţărână îngheţată pe punte
clopotele răsunau pietre
     fiica nou-născută de acolo: a scâncit
     ascunsă/povara/călătoria
nesfârşită, petalele smulse ale florilor sălbatice
plutind –
haotic/agitate/dar curând înstrăinate
     departe de Luceafăr/degetele-i micuţe/câinele din
provincie:
latră
înfăşată, bumbac ud pe culmea dunei strălucitoare
zăpada căzând, amorţită
înapoi, înapoi
     către strâmtoarea îngustă, vasul rece: oase răsfirate
iar şi iar
         în îndepărtare – farul umbrit
visul turcoaz/spulberat
un ou: ciocnit, oval, palmele mâinilor
pulsând asupra
 crăpăturilor răsărite
prinse formă şi se scurse: cufundat
în linişte.

Nothing Ground-Breaking

Yasmin Inkersole

Just the newt who poked its head out of the net
curiously, before it slipped away. Or the peonies,
arranging themselves carefully into a spring
bouquet. Sometimes the footfall on the street
at night, dark figures talking softly, not wanting
to wake the neighbours with their secrets.
Rain, magnificent, tiny rain. Reminding the skin
what it means to be touched, to be chosen
as a landing place. Lost things placed on fence
posts and rubbish bins; passers-by hoping for
a reunion. Sunlight resting in surprising places:
the top of the treehouse, the spine of a book,
your hands. A greenfly navigating your fingers;
your palms turned upwards to receive nothing
ground-breaking. You, blossoming, feet to
fingertips, opening up for the world, drinking
in a breeze that can't be captured.

Nimic nou sub soare

Daria-Andreea Jugan, Andreea-Ștefania Ghimpău

Doar salamandra ce și-a scos capul din plasă
curioasă, înainte să scape. Sau bujorii,
aranjându-se cu grijă într-un primăvăratic
buchet. Uneori, pașii pe stradă
noaptea, siluete obscure șușotind, nevrând să
trezească vecinii cu secretele lor.
Ploaia, splendida ploaie măruntă. Amintind pielii
ce înseamnă să fii atins, să fii ales
ca loc de aterizare. Anunțuri cu obiecte pierdute, pe stâlpi
și coșuri de gunoi; trecătorii așteptând
o reuniune. Razele soarelui zăbovind în locuri nebănuite:
acoperișul căsuței din copac, cotorul unei cărți,
mâinile tale. O ploșniță plimbându-se printre degetele tale;
palmele tale deschise spre cer așteptând nimic
nou sub soare. Tu, înflorind, din cap până-n
picioare, deschizându-te lumii, bucurându-te
de-o adiere ce nu poate fi cuprinsă.

Cutting to the Bone

Sarah James

I

Those knives with pearled handles
stored up within velvet in my grandmother's drawer;
for her use only;
their tarnish handed down
with her tongue's sharp gifts.

Our daily ones: steel and something alloyed
against age's metal rainbows and the sweat of over-usage;
serrated, blunt;
sometimes coming together,
often clattering in cutlery harmonics;
cutlass-bent stabbing ice from the freezer.
Silences laid awkwardly beside them on the table.

The silvered set nested in black slits
until the urge for thin-filleting;
piercing thick skin;
wedging bread into neat slices of whiteness, crusts trimmed;
chopping layered onions to tears.

II

I've never doubted the fear
of what I might find if I braved myself,
and dug in a real blade.
So far only, perhaps,
before more than friction resists,
clogged with warm flesh,
and the outrage of armed nerves.
Bated gasp,
then from hole to gash in one forced red drowning.

Până la os

Alexandra Inașel

I

Acele pumnale, cu plăsele bătute în perle,
păstrate în catifea în sertarul bunicii mele;
pentru uz strict personal;
petele lor lăsate moștenire
împreună cu darul limbii ei ascuțite.

Ale noastre cele de toate zilele: oțel și ceva aliaj
plus patina de curcubee metalice și sudoarea uzurii
zimțate, tocite,
uneori atingându-se;
deseori ciocnindu-se în clinchet de tacâmuri.
iatagan curbat, înjunghiind gheața din congelator,
Tăcând ciudat alături de ele pe masă.

Argintăria cuibărită în căptușeala neagră
până e nevoie să taie fileuri subțiri;
să străpungă pielea groasă;
să împartă pâine în felii de albeață fără coajă;
să străbată prin straturile de ceapă până la lacrimi;

II

Niciodată nu m-am îndoit de teama
de ce aș putea găsi dacă m-aș înfrunta pe mine însămi
și aș tăia cu o lamă adevărată.
Poate doar până
în punctul în care rezistă la frecare,
blocată în carnea caldă
și de revolta nervilor întinși la maximum.
Respirația tăiată
înecată într-un șuvoi roșu de la o rană la alta.

76   From there, clamping back the ribs,
     then, somehow, to those lungs,
     vocalisation flattened now to pale plastic,
     and below,
     in that heart's cowed animalness
     – their titanium points lodged –
     so many years' words
     quiver
     with the deeper violence.

Și de acolo, prinzând coastele,
apoi cumva acei plămâni
ai căror vocalize sunt acum reduse la un plastic palid
și mai jos,
în animalitatea acelei inimi,
– sălășluiau vârfurile de titan –
în chivăra
cuvintelor atâtor ani
cu violență mai profundă.

Publicity shots

Sarah James

Wear the pose as if born with it.
Don't curve a smile beyond 45 degrees
for fear you'll appear too keen.

Selfies are allowed on social media,
but spontaneity must be planned:
angle and light fixed for that natural look –
as if glancing up from a book in hand,
or somehow portraying that you have a life
outside your own pages.

Do not blink, twitch or admit
to an un-identical twin beyond this image
who can't control their own ageing.

Do you see now, Dorian?

Look, here's where we'll start,
just as I did with Becky Sharp.

Tilt your face to one side,
then shoot from above
to minimise shadows and chins.

Don't be downcast if it's tiring.
Youth is a hard art to master
at the time, now past.

Above all, practise your nonchalance.
I taught Narcissus well
but he still changes his profile pic daily.

Fotografii publicitare

Ana Obrejan

Adoptă poziția ca și cum te-ai fi născut cu ea.
Nu curba un zâmbet peste 45 de grade
de teama că vei părea prea entuziasmat.

Selfiurile sunt permise pe rețelele sociale,
dar spontaneitatea trebuie planificată:
unghiul și lumina fixate pentru acel aspect natural –
ca și cum ridici privirea de pe o carte din mână,
sau cumva portretizând că ai o viață
în afara propriilor pagini.

Nu clipi, nu zvâcni sau nu recunoaște
un geamăn neidentic dincolo de această imagine
care nu își poate controla îmbătrânirea.

Vezi acum, Dorian?

Uite, de aici vom începe,
la fel cum am făcut cu Becky Sharp.

Înclină-ți fața într-o parte,
apoi fotografiază de sus
pentru a minimiza umbrele și bărbia.

Nu fi abătut dacă este obositor.
Tinerețea este o artă greu de stăpânit
în acel moment, acum trecut.

Mai presus de toate, exersează-ți nonșalanța.
L-am învățat bine pe Narcis
dar el încă își schimbă zilnic fotografia de profil.

Penance

Bethany W Pope

Think of it as trimming a nail, just a little too close,
with a hot iron. The horn buds make a smell as they blacken at
their roots,
a bit like immolated hair, or fried blood pudding.
Most people apply or inject a numbing agent, before they start,
but the farm I worked for didn't. The calves were
locked up in A-frames, but I held their heads, one at a time.
I didn't want to be there, doing this. I didn't ask to be there,
but I was. No one listens to what you want, when you're twelve.
You're something like a calf yourself. People do things to you,
lead you places, tie you up,
because they think that you need it, and you
spend the rest of your life trying and failing to atone.
I don't sleep much, but when I do I almost always dream
of red rising up through the edges of a cut.
Injured hands pass on their wounds, as though they have
no choice,
as though the story could ever end differently,
as though, if you said no, you wouldn't be burnt
and the calves mutilated anyway.

Penitență

Isabela Lorena Vesa

Gândiți-vă că este ca și cum v-ați tăia o unghie, doar puțin
prea adânc,
cu un fier de călcat încins. Mugurii de corn emană un miros
în timp ce se înnegresc la rădăcină,
un pic ca părul sacrificat, sau ca sângeretele prăjit.
Majoritatea oamenilor aplică sau injectează un agent de
amorțire înainte de a începe,
dar la ferma la care am lucrat eu nu făceau asta. Vițeii erau
închiși în cadre, dar eu le țineam capetele, unul câte unul.
Nu voiam să fiu acolo, făcând asta. Nu am cerut să fiu acolo,
dar am fost. Nimeni nu ascultă ce vrei, când ai 12 ani.
Și tu ești ca un vițel. Oamenii îți fac lucruri,
te duc în locuri, te leagă,
pentru că ei cred că ai nevoie de asta, iar tu
îți petreci restul vieții încercând să te ispășești și eșuând.
Nu dorm prea mult, dar când dorm visez aproape întotdeauna
cu roșu, care se ridică prin marginile unei tăieturi.
Mâini rănite își transmit rănile mai departe, ca și cum nu ar
avea de ales,
ca și cum povestea s-ar putea sfârși altfel,
ca și cum, dacă ai spune nu, nu ai fi ars
iar vițeii nu ar fi mutilați oricum.

Huck Finn

Bethany W Pope

I can tell you that there was no bloom of blood in the water.
The glass hit a vein, but root rot and steeped tannins
cover many sins.
It didn't hurt. Not as much as you'd expect. When there's worse
simmering the meat inside your skull
ordinary agony utterly fails to register. And in any case
we were having an adventure.
My brother carried the black plastic garbage bag
filled with air as well as food and books,
buoyant in the waist-deep sludge.
Our shoes were in there, too. In the black bag. And I didn't regret
insisting on this barefoot trek.
Who needs a bank when you've got a river?
I sometimes dream of my blood,
curling out from the crease where toe meets foot,
unfurling like the tip of a fiddlehead.
When we left the river I trailed two tracks, mismatched
but rapidly evaporating from the Florida tarmac.
We knocked on a door, almost at random, and a redheaded,
middle-aged woman illustrated her words with the hot tip
of her cigarette. She gave me a band-aid, a word of advice
which I promptly disregarded,
and we walked back home, to our yard and our dogs,
my wound utterly forgotten, until the rot set in
and it couldn't be ignored.

Huck Finn
Bogdan Drugă

Îți pot spune clar că n-a fost vreun strop de sânge în apă.
Ciobul s-a atins de-o venă, dar putreziciunea rădăcinilor și
taninurile muiate
ascund multe păcate.
N-a durut. Nu atât de mult pe cât ai crede. Atunci când există o
mai gravă
măcinare înăuntrul craniului tău
agonia de zi cu zi trece neobservată. Și în orice caz,
aveam parte de-o aventură.
Fratele meu ducea negrul sac de gunoi din plastic,
plin ochi de aer, dar și de hrană și cărți,
plutitor în nămolul adânc până la brâu
Și pantofii erau în sacul negru. Iar eu nu regretam
călătoria aceasta desculță.
Cine are nevoie de-un mal, atunci când ai un râu?
Câteodată-mi visez propriul sânge
roind de-acolo de unde degetul mare-mi întâlnește piciorul
despicându-se-ntocmai ca vârful mugurilor de ferigă.
Plecând de la râu, am trasat două cărări, desperecheate,
ce s-au evaporat rapid de pe asfaltul floridian.
Am bătut la o ușă, aproape la-ntâmplare, iar o roșcată,
o doamnă de vârstă medie și-a articulat cuvintele cu vârful aprins
al țigării sale. Mi-a dat un bandaj, un mic sfat
pe care ferm l-am ignorat,
și-am plecat înapoi spre casă, la ai noștri cățe, a noastră curte,
rana mi-a fost complet uitată, până ce putregaiul s-a instalat
și n-a mai putut fi ignorat.

All Souls
Mick Corrigan

October takes her cloth of gold and leaves the party singing,
a winter moon invigilates this frosty hide and scurry night,

shipwrecked woods whisper low, spirits drift on boggy tracks,
the meat of mushrooms pale as death rising like a ghostly wake.

Purgatory, the gift of men, where angel mothers
spent forever, scrubbing sin from blameless souls.

Ghost light, revenant life of unfinished business or nowhere
else to be,
bitter air thinning a path between the living and the lived,

faint hand, fine as a web, pushing through the veil.

Ziua tuturor sfinților

Alexandra Inașel

Octombrie își ia haina de aur și pleacă de la petrecere cântând
o lună de iarnă veghează această ascunzătoare înghețată și se
strecoară în noapte,

păduri naufragiate șoptesc ușor, spiritele plutesc în derivă pe
cărări mlăștinoase,
Carnea ciupercilor, palidă ca moartea înălțându-se ca un stră-
jer fantomatic.

Purgatoriul, dar al oamenilor, unde îngerii mame
petrec veșnicia spălând păcatul de pe sufletele fără vină.

Lumină fantomatică, viață revenită a treburilor neterminate
sau a nu fi nicăieri altundeva.
aerul amar subțiind o cărare între cei care trăiesc și cei deja trăiți,

mână ușoară, fină ca o pânză de păianjen, împingând prin
lințoliu.

Winter

Mick Corrigan

It is the little death
of sleeping fields and quiet, desperate days.
Frost and freeze worn as a shawl
in the place where time has small domain,
where light is the book, lyrics, and score.

Tiny wren fierce foraging the thorns,
young hawk in her final stoop,
eat today or never fly again.
Pagan hare ghosts the road,
fox stalking in moon washed woods.

Out in the immeasurable deep
a blue whale opens one sleepy eye,
around her other leviathan's wake
like a field of stars unfurling itself.

This thin demesne of blood and breath
forever chaffing at its borders,
we become pale figures
in this frozen landscape,
hungry for the updrafts of summer.

Iarna

Daria-Andreea Jugan

Este o moarte mică
a câmpurilor somnoroase și a zilelor tăcute, fără speranță.
Ger și gheață purtate ca un șal
într-un loc unde timpul și-a pierdut stăpânirea,
unde lumina rămâne carte, versuri și muzică.

Mici ciocârlii feroce zumzăind printre spini,
șoimul tânăr în ultima sa călătorie,
mănâncă azi sau nu mai zboară niciodată.
Iepurele păgân bântuind pe drum,
vulpea pândind în pădurile scăldate în lună.

Afară, în oceanul nemărginit,
o balenă albastră deschide un ochi adormit,
în jurul celuilalt ochi de leviatan
precum un câmp de stele dezvăluindu-se.

Această mică împărăție a sângelui și-a suflării
veșnic cu hotarele fremătânde,
noi devenim siluete palide
în acest tablou înghețat
tânjind după adierea verii.

The Love Poetry of Judas Iscariot
Mick Corrigan

In Galilee, fog bound and still, I saw you smile
a breath before the first bird sang
and though tone-deaf to the grace notes,
I suspected some brief divinity
amongst the rough clothes, rougher language
and poisonous farts of our companions.

"Love", you said, "is transformative,
it makes new shapes of us all".
"It grinds us to salt", my terse reply.

On the road to Jerusalem we made new testaments, burned
away our articles of faith,
the novelty of it all coughed into an oven heated air
like magic the colour of dark, arterial blood,

but when I demanded absolute proof, you pointed to the
wonder of a swallows' coil-pot nest
and with a flourish of your hand declared
"Behold"!

It brought laughter from the others though not from me
my skin too thin for that kind of fun.

On the night before the night I sold you to the wolves of
respectability,
in Gethsemane where sleeping olives dreamed of rain,
I pressed my face to the loamy earth and beneath a moon too
cold to touch,
I believe I heard her mournful sigh;
"nothing is new, nothing is new,
I have seen it all before."

Poemul de dragoste al lui Iuda Iscarioteanul

Diana Florescu

În Galileea, înconjurat de ceață și nemișcat, te-am văzut zâmbind
o răsuflare înainte ca prima pasăre să cânte
și deși nu am ureche muzicală să aud maiestoasele note,
am bănuit ceva divinitate momentană
printre hainele grosolane, și mai grosolanele cuvinte
și otrăvitele vânturi ale companionilor noștri.

„Iubirea", ai spus tu, „te transformă,
ea ne modelează pe toți".
„Ne macină până devenim sare", a fost răspunsul meu succint.

Am scris noi testamente în drum spre Ierusalim, arzând arti-
colele noastre de credință,
noutatea tuturor faptelor a tușit în aerul ca de cuptor
ca magia culorii stacojii a sângelui arterial,

dar când am cerut dovada supremă, ai arătat spre frumusețea
unui cuib încârligat de rândunele
și cu o fluturare din mână ai declarat
„Iată!"

Au izbucnit râsete de la ceilalți, dar nu și de la mine
obrazul meu fiind prea subțire pentru o astfel de distracție.

În noaptea de dinaintea celei în care te-am vândut lupilor
virtuoși,
în Grădina Ghetsimani unde măslinii somnoroși visau la ploaie,
mi-am așezat fața pe pământul lutos și sub o lună prea rece ca
să fie atinsă,
cred că am auzit oftatul ei melancolic;
„nimic nu e nou, nimic nu e nou,
am văzut deja totul."

Modern Prometheus

Fiona Sampson

after Mary Shelley

he wakes alone in the lab
to night noises breath roaring like a machine
heart pistoning life bumps in his chest
a live thing in darkness
not yet separate from the dark that dresses him
soothing his nakedness with the uniform of authority
permitting everything at least by daylight   he
listens without realising is anybody there
hears rustling a man alone with fear
doesn't want to be alone wants to be alone
as night listens back but something's changing
his mind he squints
wrestling darkness tries to understand
he wants to see if knowledge is power
if sight lights the mind if light salts the mind
his pupil stings his iris winces
and what can he make out understanding
only a little and misunderstanding
a little more the clockwork universe
like a dream of knowledge

plunge then throw yourself
into night into the unknown
where you can imagine yourself a pioneer
the first man unafraid
where you're nameless but soon to be famous
and only you can see yourself just as you want
though you also don't you want to be known
you want a good neighbour to populate the dark
the human dream is anybody there
of belonging to make a companion
some one to see yourself by a mirror

Modernul Prometeu

Marisa Ranta

după Mary Shelley

se trezeşte singur în laborator
cu zgomote în noapte respiraţia-i răcnind ca o maşinărie
inima-i pulsând viaţa lovindu-se de pieptul lui
un trup viu în întunericul
încă nedespărţit de negura care îl îmbracă
alinându-i nuditatea cu uniforma autorităţii
îngăduitoare de orice cel puţin până la lumina zilei
ascultă fără să realizeze e cineva oare acolo
aude foşnituri un om singur cu frica
nu vrea să fie de unul singur vrea să fie de unul singur
precum noaptea ascultă şi ea dar ceva se schimbă
în mintea lui mijeşte
luptându-se cu întunericul încearcă să înţeleagă
vrea să vadă dacă cunoaşterea înseamnă putere
dacă văzul luminează mintea dacă lumina ascute mintea
pupila ustură irisul tresare
iar ceea ce reuşeşte să înţeleagă
doar puţin neînţelegând
puţin mai mult mecanismul universului
ca un vis al cunoaşterii

plonjează atunci aruncă-te
în mare în necunoscut
unde te poţi imagina un pionier
primul om neînfricat
unde eşti anonim dar curând faimos
doar tu te poţi vedea aşa cum vrei
deşi tot nu o faci vrei să fii cunoscut
vrei o bună companie în întuneric
visul uman e cineva acolo
de care aparţii să-ţi ţină de urât
cineva prin care să te vezi o oglindă

who am I   asks a man alone
no answer comes   and time passes
or silence is the answer   that great denial
– sleep   zero –

till first sheep bells   then tremoring test-tubes
wake him   snap him to attention
and dawn reveals a man   he recognizes
he can't meet   the one he turns away from

cine sunt întreabă un om stingher
niciun răspuns timpul trece
sau liniştea e răspunsul acea mare negare
– somn zero –

când primele tălangi răsună iar eprubetele tremurătoare
îl trezesc readuc realitatea
iar zorii zilei dezvăluie o fiinţă familiară
pe care nu o poate întâlni de care se fereşte

Lady of the Sea
Fiona Sampson

I

Blue and black
the Virgin sits
in her high
palanquin

she does not
regard us her
regard is drawn
back from us

far back
among the centuries
where she comes
from and where

she is going
already
she is travelling
past us and away

ancient star
flying so slowly
we do not
see her move

II

suppose she
compassionate
uncoiled her serpent's
arms or let

Fecioara mării

Adina Scafariu

I

Neagră-albăstruie
Fecioara stă
în al său baldachin
înalt

ea nu ne privește
pe noi
privirea ei este
dincolo de noi

departe
prin secolele
de unde vine
și încotro

ea se îndreaptă
deja
călătorind
pe lângă noi

o stea îndepărtată
mișcându-se atât de încet
încât nici
nu o observăm

II

și dacă ea
blândă
și-ar desface zveltele-i
brațe sau și-ar lăsa

that black mask
fall could she
move among us
then or what

would be broken
and fired again
what understanding
newly perfected

III

high and far
very high
and far like
the disappearing

note of wind
shrilling between
glass comes
the tone the sweet

stone rings
when you knock
the saint's open
sarcophagus

IV

Lady in your
ark of rock
you who wear
the white rock

as a wedding

masca neagră
să cadă, ar putea
atunci să coboare
printre noi sau ce

ar fi distrus și
aruncat din nou în flăcări
ce înțelesuri
proaspăt izvorâte

III

sus și departe
pe culmi și
în zări ca
adierea vântului

ce se pierde
șuierând
în fereastră
tonul mieros

al pietrei răsună
când bați
în sarcofagul
deschis al unui sfânt

IV

Tu, Fecioară în
arca ta de piatră
tu ce porți
stânca albă

drept rochie

98   gown Lady
adamant
and personal

we carry you
in the eye's
reliquary
like a mote

or like a beam
that drowning we
could cling to –
Lady stronger

than time stronger than
light we see you
invisible
and everywhere

de mireasă
Fecioară neclintită
și unică

te purtăm
în al ochiului
relicvar ca pe
un pai

sau ca pe o bârnă
de care să ne
agățăm la înec –
Fecioară, mai puternică

decât timpul mai puternică
decât lumina te vedem
pretutindeni
și nicăieri.

At Mukitu

Fiona Sampson

i.m. Jaan Kaplinski
after Sappho, fragment 104(a)

What's here now when I come
like Jaan's sheep like Sappho's lamb
stepping down into the valley
as the bright evening light
slips and pools beside a wall
along the water with the gnats
and water-skimmers bright and dark
falling across the stepping shoulders
of the careful beast so quiet
so inevitable little
lamb of death calling the poet
home although he called you first

into the clearing with the pond
the long-armed well the barn swallows

and in the dark the nightingales
sing inexhaustibly
about the forest going on
forever beyond the fence rail
as poets do singing in darkness
up among the wooden beams
of habitation while the lamb
comes to lie down at the threshold
comes gently to your feet
Jaan I didn't call him here

În Mukitu

Diana Florescu

i.m. Jaan Kaplinski
după Sappho, ragmentul 104(a)

Ce e aici acum când vin
Ca oaia lui Jaan ca mielul lui Sappho
pășind în adâncul văii
în timp ce lumina puternică a amurgului
alunecă și se descompune lângă un perete
de-a lungul apei cu musculițele
și insectele de apă colorate și întunecate
care cad pe pașii apăsați
ai animalului delicat atât de liniștit
atât de inevitabil de mic
miel al morții care cheamă poetul
acasă deși el te-a chemat primul

în luminișul cu iaz
fântâna cu brațul lung rândunelele din hambar

și în întuneric privighetorile
cântă fără încetare
despre pădurea care se întinde
cât vezi cu ochii peste gard
în timp ce poeții cântă pe întuneric
printre grinzile de lemn
ale locuinței în timp ce mielul
vine să se întindă în prag
vine încet la picioarele tale
Jaan, eu nu l-am chemat aici

Constellations

Neil Rollinson

Beyond the house, where the woods
dwindle to a few stray trees, my father
walks on the lake with a hammer.

He's never seen so many stars,
and wonders why
with all that light in the sky

it doesn't cast a single shadow.
He takes a few blows at the ice, and drops
a sackful of bricks

and kittens into the hole, listens
a moment to the stillness of deep winter,
the hugeness of the sky, the bubbles of warm

oxygen breaking under his feet,
like the fizz in a lemonade; the creaking
of ice as it settles itself.

His father's at home, coaxing voices
out of a crystal set, a concert from London.
Ghosts in a stone.

My father doesn't like that, he prefers
the magic of landscapes, of icicles
growing like fangs from the gutters of houses,

the map of the constellations. He turns on the bank
and looks at the sky. Orion rising over Bradford,
Cassiopeia's bold W, asking Who, What, When

and Why? And down in the lake, the sudden
star-burst of four kittens under a lid of ice,
heading to the four corners of nowhere.

Constelații

Alexandra Inașel

Dincolo de casă, acolo unde pădurea
se rărește reducându-se la câțiva copaci răzleți, tata
pășește pe lac cu un ciocan.

Niciodată nu a văzut atâtea stele
și se minunează de ce
cu toată lumina de pe cer

nu aruncă nicio umbră.
Lovește de câteva ori gheața și aruncă
un sac de cărămizi

și de pisoi în copcă, ascultă
o clipă liniștea iernii adânci
imensitatea cerului, bulele de cald

oxigen spărgându-se sub picioarele lui,
asemenea unei limonade efervescente,
scârțâitul gheții care se reface.

Tatăl lui e acasă, cu voci care se revarsă
de pe sticlă, un concert de la Londra,
Fantome în piatră.

Tatălui meu nu îi place așa ceva, preferă
magia peisajului, a țurțurilor
care cresc ca niște colți prinși de jgheaburile caselor,

harta constelațiilor. Se întoarce pe mal
și privește cerul. Orion ridicându-se deasupra de Bradford,
C-ul îndrăzneț al Carului Mare, întrebând Cine? Ce? Când?

și Cum de? Și în adâncul lacului, o bruscă explozie
stelară a patru pisoi sub un strat de gheață
îndreptându-se spre cele patru zări ale neantului.

The Bible

Neil Rollinson

Big as a suitcase, heavy
as a log, the cover wrinkled
in elephant skin.
Budby opened the book,
and the frontispiece lit up the room;
there were angels and saints,
all the shimmering animals
of heaven. Christ on his cross.
Budby's eyes glimmered
in this new light. What he saw
I do not know, but he grabbed
a corner, as if it were no more
than a photo of Billy Bremner,
and tore the whole page out.
I couldn't believe it.
He folded it up, and stuffed it
in the pocket of his Sunday best.
I can still remember the rip
of the paper, the dust motes
floating in the air of that miserable
Methodist chapel, and I felt
something lift me, like wings,
out of that dark place.

Biblia

Andreea-Ştefania Ghimpău

Mare cât o valiză, grea
cât un buştean, coperta cutată
din piele de elefant.
Budby a deschis cartea,
iar frontispiciul a luminat camera;
erau îngeri şi sfinţi,
toate animalele strălucitoare
din ceruri. Hristos pe cruce.
Ochii lui Budby au sclipit
în această nouă lumină. Ce-a văzut
mi-e necunoscut, dar a ciupit
un colţ, ca şi când ar fi fost
doar o fotografie cu Billy Bremner,
şi a rupt întreaga pagină.
Nu mi-a venit să cred.
A împăturit-o şi a îndesat-o
în buzunarul hainei sale de duminică.
Încă îmi amintesc foşnetul
hârtiei, particulele de praf
plutind în aerul acelei respingătoare
capele metodiste şi am simţit
ceva ridicându-mă, ca nişte aripi,
din acel loc întunecat.

My Wives

Neil Rollinson

I descend on Holborn's escalator
watching my wives pass by on the opposite side,
smiling, waving at me; they shout in Swedish,
Russian, Urdu, that they'll always love me.
Even my English wives croon in their dialects.
My Japanese wives bow low, their kimonos
showering the stairs with the scents of Hokkaido
and Kanto. My wives are everywhere;
pacing the corridors, rushing to Kilburn,
Gatwick, Paddington, staring at me as they go.
They have new husbands now, waiting at home,
but I know they miss me. As we tunnel the grim
postcodes of Lambeth, Borough,
the Elephant and Castle, most of my wives have
left to catch connections for Kent or Sussex.
There are just the two of us now,
husband and wife for a couple of stops.
We sit in our seats, rocking in unison.
She fondles her wedding-ring, then starts
to weep. What can I do but join her?
We sob through Waterloo and Kennington,
all the way to Stockwell where she picks up
her bag, and slips through the doors.
I can picture her room in the Walworth Road,
her Joss sticks smouldering, that smell
of patchouli she's left in the empty carriage.
I go home alone, lie in an empty bed
while all my wives are sleeping with men
who do not love them.

Nevestele mele

Marisa Ranta

Cobor din liftul din Holborn
privindu-mi nevestele trecând pe partea opusă
zâmbind, făcându-mi cu mâna; strigând în suedeză,
rusă, urdu, că mă vor iubi mereu.
Chiar și nevestele mele englezoaice fredonează în dialectul lor.
Nevestele japoneze se apleacă, kimono-urile lor
îmbibând scările cu mirosuri din Hokkaido
și Kanto. Nevestele mele sunt peste tot;
rătăcind coridoarele, grăbindu-se spre Kilburn,
Gatwick, Paddington, zărindu-mă în timp ce pleacă.
Au soți noi acum, așteptând acasă,
dar știu că le lipsesc. În timp ce parcurgem
sumbrele coduri poștale din Lambeth, Borough,
Elephant și Castle, majoritatea nevestelor
au plecat pentru a găsi noi conexiuni în Kent sau Sussex.
Suntem doar noi doi acum,
soț și soție pentru câteva opriri.
Stăm pe locurile noastre, legănându-ne simultan.
Își atinge inelul de nuntă, apoi începe
să plângă. Ce pot face decât să mă alătur ei?
Plângem prin Waterloo și Kennington,
tot drumul până la Stockwell unde își ia
geanta, și se strecoară pe ușă.
Îmi pot imagina camera ei în Walworth Road,
bețele ei chinezești mocnind, acel miros
de patchouli lăsat în caleașca goală.
Mă duc singur acasă, mă așez într-un pat gol
În timp ce nevestele mele se culcă cu bărbați
care nu le iubesc.

Vavilov

Merryn Williams

(Nikolai Ivanovich Vavilov, 1887-1943)

'Since you will almost certainly survive
I ask you to remember that my name
is Vavilov, Academician. My
ambition was to feed the world. I gathered
seeds from each corner of the earth, and stored them',
he told the girl. 'Don't cry'. They shuffled forward
in one long skein, across the dirty snow.
'I loved those seeds. I wouldn't emigrate.
Swift said, he who can make two ears of corn
grow in a spot where only one grew previously
will do more good than all the politicians.
I thought, still think, no one need die of hunger',
he said. Throughout the siege of Leningrad
his colleagues saved those seeds. An asteroid,
a glacier, and a crater of the moon
are named for him. He died at fifty-five,
emaciated. The weeping girl survived.

Vavilov

Bogdan Drugă

„Din moment ce supraviețuirea ți-e aproape sigură
Îți cer doar să ții minte că numele meu
este Vavilov, academicianul. Ambiția mea
a fost să hrănesc lumea-ntreagă. Am adunat
semințe de peste tot din lume, și le-am pus deoparte"
i-a spus fetei. „Să nu plângi". Mergeau tot-nainte
într-un șir lung, prin zăpada murdară.
„Țineam la acele semințe. Eu nu aș emigra"
spunea Swift. „Acela ce poate face două spice de porumb
să crească într-un loc unde-nainte creștea doar unul singur,
va face mai mult bine decât orice politician.
Aveam impresia că el e încă de părere că nimeni nu merită să
moară de foame"
a spus. Pe tot parcursul asediului din Leningrad,
colegii săi se străduiau să salveze acele semințe. Un asteroid,
un ghețar și chiar un crater al lunii poartă al său nume. La 55
de ani, s-a dus,
sfrijit. Fetița ce plângea a supraviețuit.

I Saw My Rival

Merryn Williams

I saw her in an almost empty room,
years older now, and looking frail and sad,
her image bouncing back at me from Zoom
the dark disputed history we had had.
I looked, she also looked, we didn't speak.
So people fail, quite suddenly turn weak.

Mi-am văzut rivala
Diana Florescu

Am zărit-o într-o cameră aproape pustie,
cu mult mai în vârstă acum, tristă și delicată,
imaginea ei în fața mea pe Zoom
istoria noastră aprigă și întunecată.
M-am uitat, s-a uitat și ea, nu ne-am vorbit.
Oamenii eșuează, destul de brusc te simți slăbit.

Stateless
Ruth Bidgood

In some nissen-hut of my mind
I have a stacked bed-roll, wooden chair,
suitcase plastered with peeling labels,
and a cheap clock measuring lethargic days.
I have no papers. Sometimes I am offered
forged ones, at too high a price.
Now you come, promising real
identity cards. Forgive me if till they arrive
I think it too early to rejoice.

Apatrid

Isabela Lorena Vesa, Alexandra Inaşel

Într-un colţ ascuns al minţii mele
Am depozitat un pat pe roţi, un scaun de lemn
o valiză cu etichete ce stau să se desprindă
şi un ceas ieftin care măsoară zilele letargice.
Nu am acte. Uneori mi se oferă
unele false, la un preţ prea mare.
Acum vii tu, promiţând cărţi
de identitate adevărate. Iartă-mă dacă, până la sosirea lor,
cred că e prea devreme să mă bucur.

Jonathan Taylor is an author, editor, lecturer and critic. His books include the memoir *Take Me Home* (2007), the novel *Melissa* (2015), and the short story collection *Scablands and Other Stories* (2023). His poetry collections are *Musicolepsy* (2012) and *Cassandra Complex* (2018). He directs the MA in Creative Writing at the University of Leicester.

Mandira Ghosh is an eminent Indian poet and author. She is the treasurer of the Poetry Society (India) and a member of its editorial team. Among other honours, she was named Author of the Year by the Asian Literary Society in 2022. She has written and edited about 21 books including seven volumes of verse. Reflecting her science background, she is a pioneer in uniting science and metaphysics in verse.

Sarah James is a prize-winning poet, fiction writer, journalist and photographer. Eight of her nine poetry titles have won or been shortlisted/highly commended for an award, including her CP Aware Award Prize for Poetry 2021 collection *Blood Sugar, Sex, Magic* (2022).

Shih-Min Sun was born in 1993 in Taipei. Her poetry and films appear in *Assignment* literary magazine, *Broadkill Review* and were nominating in the AltFF Alternative Film Festivaland, and elsewhere. She was short-listed for the Artemesia Arts Anthology 2023. She is currently working on projects in Farm Studio, India.

Fiona Sampson is a leading British poet and writer, published in 38 languages. National honours include an MBE for services to literature, the Newdigate and Cholmondeley prizes, numerous awards from the Arts Councils of England and of Wales, Society of Authors, Poetry Book Society and Arts and Humanities Research Council, and Book of the Year selections. She is a Fellow of the Royal Society of Literature and the British Trust for Literary Romanticism and a prolific critic, librettist, broadcaster and literary translator.

Jonathan Taylor este autor, editor, conferențiar și critic. Printre cărțile sale se numără volumul de memorii *Take Me Home* (2007), romanul *Melissa* (2015) și colecția de povestiri *Scablands and Other Stories* (2023). Colecțiile sale de poezii sunt *Musicolepsy* (2012) și *Cassandra Complex* (2018). Este Director al programului masteral de scriere creativă la Universitatea din Leicester.

Mandira Ghosh este o eminentă poetă și autoare de origine indiană. Este trezorierul Societății de Poezie (India) și membră a echipei editoriale a acesteia. Printre alte distincții, a fost desemnată Autorul Anului de către Societatea Literară Asiatică în 2022. A scris și a editat aproximativ 21 de cărți, inclusiv șapte volume de versuri. Reflectând formareaa sa științifică, ea este un pionier în unirea științei cu metafizica în versurile sale.

Sarah James este o poetă premiată, scriitoare de ficțiune, jurnalistă și fotografă. Opt dintre cele nouă titluri de poezie ale sale au câștigat sau au fost incluse pe lista finaliștilor în concursuri, inclusiv colecția sa *Blood Sugar, Sex, Magic (2022)*, distinsă cu CP Aware Award Prize for Poetry 2021.

Shih-Min Sun s-a născut în 1993 în Taipei. Poezia și filmele ei apar în revistele literare *Assignment*, *Broadkill Review* și au fost nominalizate la Festivalul de film alternativ AltFF, precum și în alte competiții. A fost selectată pentru antologia Artemesia Arts 2023. În prezent, lucrează la proiecte în Farm Studio, India.

Fiona Sampson este o renumită poetă și scriitoare britanică, ale cărei opere au fost publicate în 38 de limbi. Printre distincțiile naționale se numără un MBE pentru servicii aduse literaturii, premiile Newdigate și Cholmondeley, numeroase premii din partea consiliilor Arts Councils din Marea Britanie și Țara Galilor, Society of Authors, Poetry Book Society și Arts and Humanities Research Council, precum și selecții pentru Book of the Year. Membră a Royal Society of Literature și a British Trust for Literary Romanticism, ea este un critic prolific, libretistă, prezenta-

Bethany W Pope has won many literary awards and published several novels and collections of poetry. Nicholas Lezard, writing for *The Guardian*, described Bethany's latest book as 'poetry as salvation… This harrowing collection drawn from a youth spent in an orphanage delights in language as a place of private escape.' Bethany currently lives and works in China.

Mick Corrigan is an Irish poet and painter working between Ireland and the island of Crete. His poems have been nominated for The Pushcart Prize (USA) and The Forward Poetry Prize (best individual poem) UK. His debut collection *Deep Fried Unicorn* was published in 2014; his second collection, *The Love Poetry of Judas Iscariot*, was in 2022.

Alice Brooker is an English Literature undergraduate at the University of Oxford. Her poetry has been published with Artemesia Arts and *Last Stanza* poetry journal. In 2023 she was short-listed for the Geoff Stevens Memorial Poetry Prize and won the Wildfire Words' New Voices First Pamphlet Award.

Francesca Duffield is a writer and artist originally from the British Midlands, now living in Lewes, East Sussex. She has worked as an illustrator and art lecturer, and taught English as a Second Language. She has had poems included in anthologies by Bourne to Write and published in *Ingenue* magazine.

Peter Thabit Jones has authored 16 books, including the *Dylan Thomas Walking Tour of Greenwich Village, New York*, with Dylan's daughter Aeronwy Thomas. He has participated in festivals and conferences in America and Europe and is an annual writer-in-residence in Big Sur, California. A multi-award-winner, two of his dramas for the stage have premiered in America, and his opera libretti have premiered in Luxembourg and Bulgaria.

Karen Gemma Brewer, born of coal mining and farm working stock, is an award-winning poet and performer from Ceredigion in Wales. Her writing, combining emotion and mundanity with a strong sense of the absurd, has been published in the UK, Europe and USA. Karen has performed at festivals, theatres, pubs, schools, colleges, supermarkets and in the street. She has

toare de emisiuni şi traducătoare literară.

Bethany W Pope a câştigat numeroase premii literare şi a publicat mai multe romane şi colecţii de poezie. Nicholas Lezard, a scris pentru *The Guardian* despre cea mai recentă carte a lui Bethany ca fiind „poezia ca o salvare... Această colecţie sfâşietoare extrasă din tinereţea petrecută într-un orfelinat se bucură de limbaj ca de un loc de evadare privată". În prezent, Bethany locuieşte şi lucrează în China.

Mick Corrigan este poet şi pictor de origine irlandeză, care lucrează în Irlanda şi în insula Creta. Poemele sale au fost nominalizate la The Pushcart Prize (SUA) şi la The Forward Poetry Prize (cel mai bun poem individual) în Marea Britanie. Colecţia sa de debut *Deep Fried Unicorn* a fost publicată în 2014; a doua sa colecţie, *The Love Poetry of Judas Iscariot*, a apărut în 2022.

Alice Brooker este studentă la Universitatea din Oxford, unde studiază literatura engleză. Poeziile ei au fost publicate în Artemesia Arts şi în revista de poezie *Last Stanza*. În 2023 a fost selectată ca finalistă pentru Premiul de Poezie Geoff Stevens Memorial şi a câştigat Wildfire Words' New Voices First Pamphlet Award.

Francesca Duffield este scriitoare şi artistă originară din regiunea Midlands din Marea Britanie şi locuieşte în prezent în Lewes, East Sussex. A lucrat ca ilustrator şi profesor de artă şi a predat limba engleză ca limbă străină. Poeziile sale au fost incluse în antologii ale editurii Bourne to Write şi publicate în revista *Ingenue*.

Peter Thabit Jones este autorul a 16 cărţi, printre care *Dylan Thomas Walking Tour of Greenwich Village, New York*, cu fiica lui Dylan, Aeronwy Thomas. A participat la festivaluri şi conferinţe în America şi Europa şi este scriitor rezident anual în Big Sur, California. Multipremiat, două dintre operele sale dramatice au avut premiera în America, iar libretele sale de operă au avut premiera în Luxemburg şi Bulgaria.

Karen Gemma Brewer, născută dintr-o familie de mineri şi lucrători agricoli, este poetă şi interpretă premiată din Ceredigion, Ţara Galilor. Scrierile sale, care combină emoţia şi mondenitatea cu un puternic simţ al absurdului, au fost publicate în

published two colletions of poetry, *Seeds from a Dandelion* and *Dancing in the Sun.*

John Eliot has published four collections of poetry with Mosaïque Press: *Ssh!, Don't Go, Turn on the Dark*, and *Canzoni del Venerdì Sera*, a translation of his work into Italian. John is now poetry editor for Mosaïque Press and with Italian, Romanian and Hungarian universities is editing translation anthologies.

Ruth Bidgood was born at Blaendulais, Seven Sisters, Wales, and brought up in Aberavon. She read English at St Hugh's College, Oxford. During the Second World War, she served in the Wrens as a coder, based in Alexandria, Egypt. In the 1970s, she moved to Abergwesyn in Powys, and began publishing poetry and researches into local history.

Phil Knight is a poet and political activist from Neath, South Wales. He became politically active in his early teens during the 1980s as a member of CND and has opposed every war fought since then. He often uses humour in his poetry to help make a point. Phil has had poems published in *Poetry Wales, Earth Love, Dial 174, Planet, Red Poets, Atlantic Review* and other publications. His collection *You Are Welcome To Wales* was published ini 2015.

Merryn Williams has published six volumes of poetry; the latest being *After Hastings.* She has translated the *Selected Poems of Federico Garcia Lorca* into English. She lives in Oxford.

Jack Caradoc is the editor of *Dreich* magazine and publications, director of the Summer Anywhere Festival and a poetry editor for the *Morning Star.* He has had many poetry books published. He was 2012 Scottish Slam Champion. His BBC Radio 4 poetry programme 'Voyages' was shortlisted for a Sony Radio Award and the book version was shortlisted for a Raymond Williams Community Publishing Award. He lives in Dunfermline.

Ceinwen Haydon lives in Newcastle upon Tyne, UK. She has an MA in creative writing and writes short stories and poetry. She has been widely published in web magazines and in print anthologies. She is developing practice as a participatory arts facilitator (creative writing/language), and believes everyone's voice counts.

Marea Britanie, Europa și SUA. Karen a susținut spectacole la festivaluri, teatre, în localuri, școli, colegii, supermarketuri și pe stradă. A publicat două colecții de poezie, *Seeds from a Dandelion* și *Dancing in the Sun*.

John Eliot a publicat patru colecții de poezii cu Mosaïque Press: *Ssh!, Don't Go, Turn on the Dark* și *Canzoni del Venerdì Sera*, o traducere a operei sale în italiană. În prezent, John este editor de poezie la Mosaïque Press și, în colaborare cu universități din Italia, România și Ungaria, editează antologii de traduceri.

Ruth Bidgood s-a născut la Blaendulais, Seven Sisters, Țara Galilor și a copilărit în Aberavon. A studiat limba engleză la St Hugh's College, Oxford. În timpul celui de-Al Doilea Război Mondial, a servit în cadrul Wrens ca și codificatoare, în Alexandria, Egipt. În anii 1970, s-a mutat la Abergwesyn, în Powys și a început să publice poezii și să facă cercetare despre istoria locală.

Phil Knight este poet și activist politic din Neath, sudul Țării Galilor. A devenit activ politic în adolescență, în anii 1980, ca membru al CND și, e atunci, s-a opus fiecărui război purtat. Adesea folosește umorul în poeziile sale pentru a-și face cunoscută opinia. Phil a publicat poezii în *Poetry Wales, Earth Love, Dial 174, Planet, Red Poets, Atlantic Review* și alte publicații. Colecția sa *You Are Welcome To Wales* a fost publicată în 2015.

Merryn Williams a publicat șase volume de poezie, cel mai recent fiind *After Hastings*. Ea a tradus *Selected Poems of Federico Garcia Lorca* în limba engleză. Locuiește în Oxford.

Jack Caradoc este redactor al revistei *Dreich*, director al Festivalului Summer Anywhere și editor de poezie al publicației *Morning Star*. I-au fost publicate numeroase cărți de poezie. A fost campion de Slam scoțian în 2012. Programul său de poezie „Voyages" de la Radio BBC 4 a fost nominalizat pentru un premiu Sony Radio Award, iar versiunea tipărită a fost nominalizată la Raymond Williams Community Publishing Award. Locuiește în Dunfermline.

Ceinwen Haydon locuiește în Newcastle upon Tyne, Regatul Unit. Are un masterat în scriere creativă și scrie povestiri scurte și poezii. Poeziile sale au fost publicate pe scară largă în reviste

120　**Yasmin Inkersole** is a British-Turkish poet from Oxfordshire, with an MA in creative writing. She writes about Turkish culture, heritage and migration among other topics. Yasmin's debut pamphlet, *Selene*, won the Hedgehog Press First Pamphlet Competition and will be published in 2024.

digitale și în antologii tipărite. Își dezvoltă practica ca facilitator
de arte participative (scriere creativă și limbaj creativ) și crede că
vocea fiecăruia contează.

Yasmin Inkersole is o poetă britanico-turcă din Oxfordshire, cu
un master în scriere creativă. Scrie, printre altele, despre cultura
turcă, patrimoniu și migrație. Pamfletul de debut al lui Yasmin,
Selene, a câștigat concursul Hedgehog Press First Pamphlet Com-
petition și va fi publicat în 2024.

The translators

Eliza Claudia Filimon is an Associate Professor of English in the English Department of the Faculty of Letters, Theology and History, at the West University of Timişoara, and a translator of English, Dutch and Spanish literature. Eliza coordinated the translation work of the team of student translators, as well as the online discussions between poets and students.

The translators are all first-year students in the MA programme Translation Theory and Practice, English language, at the Faculty of Letters, Theology and History at the West University of Timişoara. They are:

Rebeca Boboc

Bogdan Drugă

Diana Florescu

Andreea-Ştefania Ghimpău

Alexandra Inaşel

Daria-Andreea Jugan

Ana Obrejan

Marisa Ranta

Adina Scafariu

Isabela-Lorena Vesa

Eliza Claudia Filimon este conferenţiar universitar doctor la Catedra de Limba şi Literatura Engleză a Facultăţii de Litere, Istorie şi Teologie a Universităţii de Vest din Timişoara şi traducător de literatură engleză, olandeză şi spaniolă. Eliza a coordonat activitatea de traducere a echipei de studenţi traducători şi discuţiile online dintre poeţi şi studenţi.

Traducătorii sunt studenţi în anul I la programul masteral în limba engleză Teoria şi Practica Traducerii din cadrul Facultăţii de Litere, Istorie şi Teologie al Universităţii de Vest din Timişoara.

Aceşti sunt:

Rebeca Boboc

Bogdan Drugă

Diana Florescu

Andreea-Ştefania Ghimpău

Alexandra Inaşel

Daria-Andreea Jugan

Ana Obrejan

Marisa Ranta

Adina Scafariu

Isabela-Lorena Vesa